Début d'une série de documents
en couleur

# AUX POSITIVISTES

## TROISIÈME ÉPITRE

# LE MIRACLE

### PAR

### Gabriel Désiré LAVERDANT

> Rien de plus naturel
> que le surnaturel.

BAR-LE-DUC

IMP.-LIBR. DE L'ŒUVRE DE SAINT-PAUL, L. PHILIPONA ET Cⁱᵉ

PARIS

LIBRAIRIE CATHOLIQUE, VICTOR PALMÉ, 76, RUE DES SAINTS-PÈRES
LIBRAIRIE DE L'ŒUVRE DE SAINT-PAUL, 51, RUE DE LILLE

1881

CHEZ VATTELIER, GERVAIS, DAVESNE, HETZEL,
A LA LIBRAIRIE GÉNÉRALE
ET A L'ŒUVRE DE SAINT-PAUL

## OUVRAGES DU MÊME AUTEUR :

*La déroute des Césars.*
*Théocratie et diabolocraties.*
*Le pape et l'empereur*, drame.
*L'apôtre de Tulle.*
*La liberté pour les pauvres et pour Dieu.*
*Histoire morale de don Juan.*
*Don Juan converti*, drame.
*Appel aux artistes.*
*L'aurore du jour éternel.*
*Défense de Jules Ferry*, farce.
*Défense de Notre-Dame*, comédie.
*Appel aux positivistes. Nos discords. Le miracle.*

### Pour paraître prochainement.

*Appel à Alexandre Dumas et aux poètes.*
*Le symbolisme du Misanthrope.*
*Alceste consolé*, drame.
*Le feu d'enfer*, comédie.
*La Barque de saint Pierre*, poème.
*Appel au pape.*
*Le chrétien, catholique apostolique romain*, petit journal.

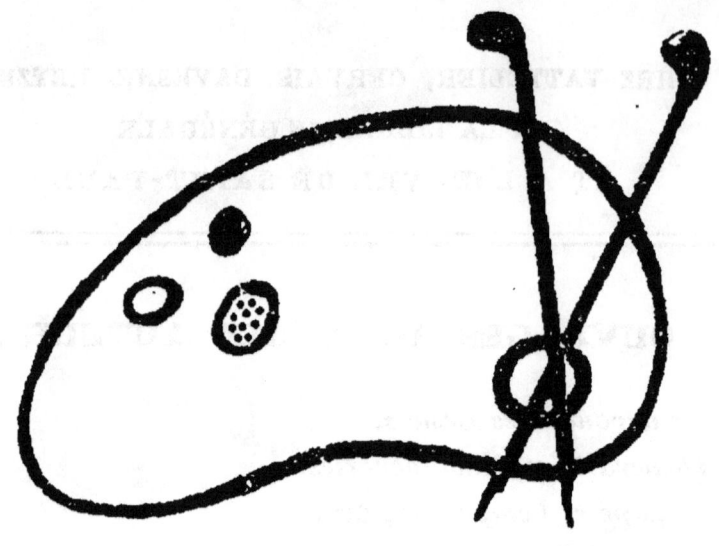

**Fin d'une série de documents en couleur**

# ESSAI

## DE THÉORIE POSITIVE ET RATIONNELLE

## SUR LE MIRACLE

# AUX POSITIVISTES

## TROISIÈME ÉPITRE

---

# LE MIRACLE

### PAR
### Gabriel Désiré LAVERDANT

> Rien de plus naturel
> que le surnaturel.

BAR-LE-DUC
TYP. DE L'ŒUVRE DE SAINT-PAUL, L. PHILIPONA ET Cⁱᵉ
36, RUE DE LA BANQUE, 36

1881

Très honorés frères,

J'ai indiqué, dans la première partie, en jetant un coup d'œil sur la Cosmologie et l'Anthropologie, les aperçus qui nous sont communs, soit que nous considérions les choses des larges profondeurs du ciel scientifique, soit que nous cherchions à les contempler des hauteurs du ciel théologique.

Maintenant, il nous reste à examiner ensemble les points sur lesquels le Scientifisme moderne se déclare formellement en opposition avec le Catholicisme.

Littré a résumé vos griefs dans ces trois mots :

*Le miracle,*
*La théocratie,*
*Le laïcisme* (1).

Je veux essayer de nous préparer à l'accord sur ces trois questions brûlantes, afin de parvenir ensemble à un même concert d'amour, au service de l'humanité soulagée.

(1) *Pour la dernière fois.* Philosophie positive, mai 1880, p. 333, et passim.

Ce qui va suivre n'est qu'une ébauche, le simple *argument* d'une thèse, qui sera plus amplement développée dans une série d'épîtres adressées aux hommes de bonne volonté.

Je réserve, pour un appel spécial à Victor Considérant et à tous les socialistes, l'analyse de l'admirable concorde qui existe entre le desideratum des libres penseurs de xixe siècle, et la volonté de Dieu révélée dans l'Evangile, réalisée en germe et formée en embryon dans l'ordre régulier de la Vie monastique.

Pour le moment, un seul mot grec, d'où jaillit une grande clarté sur la question sociale :

*Monastère*, dit saint Grégoire le Grand, signifie la *demeure de l'unité*.

Et le plus savant des saints Papes bénédictins ajoute :

*Hæc est cœlestis patria.*

La cité de l'unité universelle, voilà la patrie céleste, digne de servir d'habitation à Dieu lui-même, heureux d'habiter avec les hommes, sur la terre renouvelée par l'Esprit d'amour et de sainteté.

Nous verrons que le monastère, au Moyen Age, a été ce qu'il devait et pouvait être;

Et nous chercherons quelle évolution e

quelle transformation ce prototype doit accomplir, pour devenir l'archétype de la *Commune modèle*, pour présenter à l'Humanité laborieuse, enfin reposée et consolée, le port du salut social, la *Cité de Dieu*.

SECONDE PARTIE

# NOS DISCORDS

# CHAPITRE PREMIER

## SOCIOLOGIE

### § 1.

#### LA THÉOCRATIE

Vous ne voulez plus de théocrates à la tête de l'humanité; vous répugnez à tout emploi de la force pour faire triompher la vérité.

Et, conséquent avec votre principe, Littré *rara avis in terris*, s'est constamment, durant quarante années (1), prononcé contre toute politique d'oppression jacobine, et votre Maître a demandé la liberté même pour ceux qu'il croyait dans l'erreur, même pour ceux qui inclinaient à le bâillonner.

L'Ecole catholique à laquelle j'appartiens, celle des *Pauvres de Jésus* qui remonte par le B. Robert d'Arbrissel et saint Benoît à saint Jean, dont les traces ont été fidèlement suivies

---

(1) *National*, 1844, *Révolution et Positivisme*, préface, 1851, *Revue de la Philosophie positive*, 1880.

jusqu'à ce jour par les saintes familles régulières et finalement par celles de saint François de Sales, de saint Vincent de Paul, *l'Ecole de Notre-Dame* répugne beaucoup plus que l'Ecole d'Auguste Comte à l'emploi de la force matérielle et de la contrainte légale. Nous ne nous complaisons à mettre ni bras de fer, ni bras de chair au service d'une théocratie.

D'autres, parmi nos frères chrétiens, ont goût encore à ces armes rouillées, et voudraient ramener la société moderne au Moyen Age; et même avaient-ils quelque penchant à reculer par-delà le Thabor catholique jusqu'au Judaïsme, pour demander à Moïse et Elie les foudres du Sinaï et de l'Horeb, disant : « Il est bon de stationner là. » Mais saint Jérôme leur répète ce que saint Luc a osé dire de Simon-Pierre : « Il ne savait ce qu'il disait. » Et saint Paul est toujours autorisé à reprendre même Céphas, son chef, s'il s'avisait encore de judaïser; car Jésus a dit un jour à Pierre lui-même : « Va donc en arrière de moi, contradicteur, puisque tu as goût, non à la voie royale de Dieu, mais aux moyens serviles des hommes. »

Et c'est pourquoi, au nom du Sauveur, saint Pierre a toujours canonisé, recommandé comme modèle de la perfection les parfaits élus, qui, à l'exemple de la Mère divine et du Disciple bien-aimé, fermes, debout au plus près de la Croix, n'ont voulu combattre que le bon combat, avec le feu de la charité et le glaive de la parole.

Il est certain que le gouvernement de l'Eglise a été théocratique, lorsque saint Grégoire VII disait, non sans émotion et chagrin, mais avec la conscience d'avoir rempli un devoir nécessaire : « Contre un siècle de fer, j'ai dû employer la verge de fer. » Cette nécessité était prophétisée même par saint Jean (1).

Mais observons les faits de l'histoire à votre propre lumière, mes chers savants, selon votre théorie du progrès.

*Natura non agit per saltum*; c'est un axiome de la Science, que répète proverbialement la sagesse populaire : La Nature ne fait point de saut.

L'Eglise romaine a dû mélanger un peu le principe de la justice légale à celui de la cordiale miséricorde, pour transiter du monde païen de la servitude au monde évangélique de la liberté; il a fallu passer par le Thabor pour aller à la cime plus sublime du Calvaire,

_____
(1) Apoc., XII, 5.

traverser la vieille Jérusalem pour entrer dans la nouvelle Cité de la Paix.

Le gouvernement que résume le *Syllabus* a-t-il été profitable au progrès général, durant le Moyen Age ?

Le *Pastoral* de saint Grégoire le Grand et le Pastorat de saint Grégoire VII ont-ils rendu des services à l'humanité ?

Nous prenons pour témoin et pour juge Littré, et, avec lui, son illustre maître Auguste Comte, tous deux plus éclairés sur l'histoire positive que leur aïeul Condorcet.

Tous deux, donnent absolument raison au catholicisme du Moyen Age; tous deux, proclament que, du IVᵉ au XIVᵉ siècle, Rome a rempli dignement sa fonction d'Eglise mère et maîtresse de l'humanité (1).

Tous deux, comme Ranke, Leo, Muller, Macaulay, Duruy, constatent que l'égoïsme raffiné de l'Empire païen et l'égoïsme brutal de l'Irruption barbare, baptisés de l'eau et de l'esprit, ont été transformés en *altruisme humanitaire*, sous le souffle vif et sous la main ferme des deux Grégoires, pasteurs militants du troupeau.

(1) Auguste Comte, Vᵉ vol. Littré, *Le Moyen Age et les Barbares*.

Mais cette vaillante théocratie d'autrefois, de votre aveu si féconde, est-ce là toute l'Eglise ?

Vous connaissez le commentaire de saint Augustin sur le dernier chapitre de l'Evangile joannique.

« L'Eglise se connaît deux vies instituées divinement. L'une représentée par Pierre, et dans laquelle il y a encore du mal ; l'autre représentée par Jean, et dans laquelle il n'y a plus trace de mal.

« Mais que personne ne sépare ces deux illustres apôtres. Ils étaient ensemble dans le chemin, pour le combat ; ils seront ensemble au but, pour le triomphe (1). »

Où en sommes-nous de ces deux vies ? Lequel prédomine de ces deux termes :

De la *Théocratie*, qui veut dire : *gouvernement divin par la force* ;

Ou de la *Hiérarchie*, qui signifie *gouvernement divin par la douceur* ?

Votre ancien condisciple Adolphe Guéroult a écrit, alors qu'il sentait la liberté usurpée par un autre César : « Il nous faudrait un Grégoire VII du XIXe siècle. »

Nous, chrétiens, nous n'en voudrions pas.

---

(1) *Traité sur l'Ev. de saint Jean,* 124.

Ou pour bien dire : Nous serions certes très heureux d'avoir un tel génie en face de l'Empereur teuton galvanisé, pour voir l'ennemi retourner à Canossa; parce que nous sommes assurés que le nouveau Pasteur dominerait les dominateurs par d'autres moyens et les ramènerait par une autre voie, toujours avec fermeté, mais de plus en plus en douceur : *fortiter in re, suaviter in modo.*

Hé ! n'en sommes-nous point là ? Qui peut voir le lion terrible de Juda abattant d'un coup de sa queue les tigres civilisés, dans ce Léon d'une nouvelle allure, que saint Jean semble avoir contemplé et nommé dans sa révélation : *Ecce vicit leo de tribu Juda..., Agnus stans quasi occisus* (1). Ne voilà-t-il pas le Lion changé en Agneau, et, bien que quasiment tué, toujours debout, pour vaincre le monde et jeter dehors le prince de ce monde ?

— Mais, objectent les adversaires, si le Pape est agneau doux, c'est qu'il ne peut plus être lion théocratique. Nous y avons mis bon ordre.

— A la bonne heure ! C'était écrit :

« Jésus dit à Simon-Pierre : « Quand tu

---

(1) Apoc., v, 5, 6.

seras devenu vieux, un autre te conduira où tu ne voudras pas. »

La prophétie a probablement deux sens contrastés : l'un supérieur, divin, consigné dans l'Apocalypse, XI, 1, 2; XXII, 14; et voici l'autre sens, inférieur, infernal.

Cet autre conducteur, *alius,* c'est l'étranger, l'évêque du dehors, devenu l'homme ennemi, le pouvoir séculier issu de la Renaissance judaïque ou païenne, protestante ou impie, en un mot :

*L'Etat césarien,*

« Puisqu'il faut l'appeler par son nom. »

Royauté ou Empire, l'Etat a conduit Simon Barjonas, le Pape-Roi, où il n'aurait point voulu, à la Passion spirituelle, à la dépossession de son domaine temporel.

Les conséquences de ce coup d'Etat sont considérables.

Voici le premier effet de l'évolution :

Le Souverain-Pontificat n'est plus de ce monde, n'a plus rien de ce monde de la déchéance et de la subversion; il ne brandit, pour sa défense, aucun instrument profane, mauvais ou imparfait.

Le Pape-Roi est donc le seul Prince sur la terre qui ne dispose plus d'aucune force matérielle, d'aucun moyen de contrainte.

En outre, aucun bras de chair n'est désormais à son service. Le Vicaire de Jésus-Christ n'a jamais porté l'épée au côté; mais il a eu à sa suite, au dernier rang de ses employés, un Ministre des Armes, et dans ses bagages des sabres et des hallebardes. Il n'y a plus rien de tout cela autour du trône candide. Au dehors, il n'y a plus de *sergent de Dieu*, ni de *soldat de Dieu*. Les derniers serviteurs armés du Prince de la paix ont été le Président du Nicaragua et Lamoricière, un républicain et un ancien Saint-Simonien.

La théocratie judéo-chrétienne est donc bien finie, morte et enterrée.

Voici le deuxième effet de l'évolution :

Tandis que tous les princes de ce monde s'entendaient comme larrons en foire, bons ou mauvais, pour le jeter hors de leur Etat, le Pape les a tous mis à la porte de l'Eglise.

Emile Olivier a été le seul homme d'Etat qui ait vu le coup du ciel et compris ce dénouement de la Divine Comédie.

*La Chiesa fara da se!* avait dit ironiquement Pie IX, retournant un mot célèbre de Victor Emmanuel; et ce que l'Eglise a fait, d'elle-même et à elle seule, c'est la réalisation de la sentence portée par Jésus-Christ : « C'est maintenant que le Prince de ce monde va être mis hors de l'Eglise. »

C'est chose faite. Le Pouvoir séculier révolté contre le Christ, le Césarisme, c'est-à-dire l'Antechrist, n'est plus absolument rien de rien dans la maison de Dieu, purgée, libérée, revêtue de l'unique armure évangélique pour le dernier combat, où l'homme de la force homicide va être tué par le glaive de la parole salutaire et vivificatrice : *Gladio de ore*.

Voici bien la situation :

La Théocratie disparue ; la force matérielle ecclésiastique évanouie.

La Hiérarchie catholique, soutenue par sa seule force immanente ; faible et misérable aux yeux des gens du monde, mais, comme nous croyons, plus forte et plus riche que jamais, plus vivante, parce qu'elle est plus pure, retrempée dans l'épreuve, renouvelée par l'Esprit de sainteté.

Reste debout, en face de l'unité catholique apostolique romaine, le grand schisme des Princes de ce monde.

D'un côté, la maison de Dieu unie comme elle ne l'a jamais été, mais désarmée ;

De l'autre côté, l'Empire de ce monde divisé

comme il ne l'a jamais été, mais armé jusqu'aux dents ; et les royaumes et maisons royales et impériales n'employant leur sagesse et leur force qu'à s'entre-détruire, au milieu d'une désolation politique croissante et de ruines martiales inouïes !

Et, chose curieuse, pas un de ces empires de la force homicide, qui n'aspire à absorber la religion dans l'Etat, qui n'incline à constituer une véritable théocratie, dont le Dieu n'est qu'un homme, Roi, Empereur ou Tribun.

Oui, c'en est là. Le seul Théocrate possible, aujourd'hui, c'est le czar Alexandre, le grand chancelier Bismarck et notre Gambetta, — s'il croyait à un Dieu quelconque.

Sont-ce là, hommes de paix, les laïques devant lesquels vous voudriez, retournant le drame de Canossa, agenouiller le Pape, notre Saint-Père, le Vicaire de Jésus-Christ ?

Le Monde n'aurait-il désarmé de ses deux bras le Pape-Roi, n'aurait-il crocheté et exterminé Elie et Moïse, que pour substituer à saint Grégoire VII un César, flanqué de l'homme de loi, orné du Mammon de l'iniquité?

Ce serait la théocratie de l'homme animal !

Cette étrange évolution ou révolution est pourtant écrite dans les morales de Job et dans l'*Apocalypse* de saint Jean (1). Vous n'êtes pas hommes à nous interdire un coup d'œil sur ces documents de l'histoire théologique, puisque le savant, que l'on a appelé « *le père du Positivisme* », Hobbes, a écrit un gros livre sur cette grande figure biblique :

*Le Leviathan.*

Et, chose digne d'un libre examen et d'une attentive analyse, le philosophe anglican est d'accord avec le plus grand des théologiens mystiques, pour reconnaître dans ce géant, roi des fils de l'orgueil, le Pouvoir séculier moderne, celui qui met l'autel de Dieu sous son trône humain :

*L'Etat laïque.*

Je conclus sur la théocratie et les théocrates, en rappelant ce commandement adressé par Jésus à l'homme imparfait, juif ou chrétien judaïsant :

« Laisse les morts, les païens, enterrer leurs Bas-Empires de la mort ; laisse les timides regarder en arrière et regretter l'Ancien Régime des ténèbres.

« Toi, suis-moi. Et dût le monde ne pas te laisser où reposer ta tête, réservant ses ta-

---

(1) Job, XLI. Apoc., XI.

nières aux renards et ses trônes et toutes ses forces matérielles aux Léviathans; va, sans crainte et confiant, et annonce le Royaume de Dieu (1). »

Laissons donc les croque-morts d'Etat à leurs opérations césariennes et à leurs enterrements civils; et voyons à donner aux vivants la vie plus active, à la jeune Humanité le progrès de son être et jusqu'à la perfection, au vaste peuple mal constitué la justice dans l'ordre, la tranquillité de la paix.

## § 2.

### LE LAÏCISME

Voici ce que veut et demande le Positivisme par l'organe de Littré :

« La prépondérance du laïcisme. »

Mais vous, hommes justes, vous ne l'entendez pas comme Hobbes; car c'est lui, l'apologiste du Césarisme renaissant, à qui appartient le fameux axiome diabolique :

*La force prime le droit.*

---

(1) Saint Luc, ix, 50, 61

Ce que vous désirez, c'est la prépondérance d'une laïcité scientifique ; c'est la subordination de la Théologie à l'Anthropologie; c'est l'effacement progressif du Sacerdoce jusqu'à extinction finale.

Mais vous avez, vous, pour principe :

*Le droit prime la force.*

Vous voulez que la force demeure subordonnée à l'esprit, à la raison, à la vérité, au service de l'Humanité ; et vous entendez bien que le pouvoir social n'encourage jamais l'égoïsme étroit au détriment de l'altruisme, étouffé, gêné ou restreint.

C'est là une saine politique, que vous avez de commun avec les principes formels du *Syllabus* romain « La force au service de la justice. »

Si vous voulez faire prédominer le ciel scientifique sur le théologique, c'est uniquement parce que vous attendez mieux du peuple universel que d'une tête sacerdotale, pour la garantie des *droits de l'homme.*

Si Gambetta croit trouver dans l'Ecole d'Auguste Comte et dans le laïcisme positiviste le fondement d'une *dictature*, il se trompe. Cet Athénien n'est pas fort en grec.

Qui dit laïque, dit peuple.

Et le peuple, dans le sens humain et chrétien, c'est l'universelle humanité, hommes, femmes et enfants.

Vous aspirez donc, chers humanitaires, à voir le peuple surélevé en dignité et en sagesse, au point de devenir le recteur de ses destinées.

C'est la doctrine démocratique du *self government*.

En vérité, tous les hommes de bonne volonté ont le même bon désir; et la visée des plus grands partisans de la liberté individuelle leur est commune avec la vision des plus grands prophètes catholiques (1).

Toute la question est de savoir quel est le moyen d'atteindre cette fin : la vie de l'homme dans sa plénitude libre, la participation à l'Etre des êtres ; *quæ via ad Patrem*.

Sous quels chefs le peuple arrivera-t-il plus sûrement, plus parfaitement, plus vitement, à jouir de la fraternité, de l'égalité et de la liberté, du bien-être et du bonheur? — car enfin, il faut bien toujours à la masse populaire une organisation, au corps social nombreux une élite rectrice, aux membres un cœur et une tête.

(1) Isaie, LX. S. Jean, *Apocalypse*, XXII, 3 5.

Jésus dit: « Je suis la voie. » Le Pape répète : « Sans le Prêtre Roi de l'ordre éternel, vous n'aurez point la paix perpétuelle. » Le Maître et son Disciple sont-ils mal venus à dire cela ? Jésus a-t-il mal parlé, en disant: « La Vérité seule vous donnera la liberté. C'est moi qui vous enseigne la vérité absolue. Quiconque est de la vérité, écoute ma voix. Je suis la Vérité ? »

Pierre s'est il trompé, disant: « Comment les hommes auraient-ils bénédiction de chefs (nos politiciens) qui ne sont entre eux que malédictions ? — Prophètes sociaux déroutés; fontaines sans eau, vents d'orages, qui ne font planer qu'obscurités sur la terre ! Orgueils vaniteux, grands prometteurs de la liberté, quand eux mêmes sont plongés dans l'esclavage de l'erreur » (1) !

Nous prenons pour juge Littré l'historien; c'est à son école que nous demandons la leçon de l'histoire.

Votre Maître a démontré que le Pouvoir laïque s'est délié du joug de l'autorité religieuse dès le XIVᵉ siècle : donc, nous devons comparer les principes et les règles des deux

---

(1) S. Jean, VIII, XVIII. S. Pierre, 1. Ep., II.

Puissances, en opposant la Renaissance laïque au Moyen Age ecclésiastique ; et nous jugerons de leur valeur scientifique sur leurs faits et gestes. Si l'essence se dissimule, nous la reconnaîtrons à ses fruits.

Le prince laï qui, selon vous, a donné le signal de l'indépendance, c'est Philippe le Bel ; et l'œuvre de laïcisation, depuis lors, a été poursuivie sans interruption par tous les maîtres de la France, par la royauté d'Ancien Régime, par la Convention révolutionnaire et par l'Empire. Il est incontestable que l'Etat du Roi-Soleil Louis XIV et du Jupiter Napoléon a mis sous lui les rayons du soleil chrétien : *Sub ipso radii solis ;* et nous voyons la République nouvelle, dite Athénienne, s'ingénier, *grosso modo*, à accomplir le grand œuvre des rois judaïsants et des Césars gallicans.

Or, quel est le principe qu'invoquent ces divers gouvernements ?

*L'Etat, le Droit de l'Etat.*

Et, dit Louis XIV : « L'Etat, c'est moi ! »

Et Napoléon : « L'Empereur est la tête et le bras de la grande nation. »

Et nos Conventionnels : « L'Etat, c'est nous !

Que représentent, que signifient ces Pouvoirs ?

Le moi gallican.
Le moi national.
L'égoïsme patriotique.

Dieu me garde de mettre en doute les excellentes intentions qui circulent dans ces trois formes de l'Etat français, Royauté, Empire, République.

Mais Dieu sait si aucun de ces pouvoirs a eu le souci d'une divinité quelconque, autre que la déesse poliade, *la Patrie.*

L'Angleterre a pour devise encore :
*Dieu et mon Droit.*

La France n'a même plus le culte de l'Etre Suprême ; elle a pour unique devise :
*Droit de l'Homme et du Citoyen.*

*Les Droits de l'Homme,* admirable idéal !

Mais il est évident que le Gouvernement français entend par l'homme *l'homme français,* le citoyen patriote ; et j'en voyais le signe éclatant, hier, dans le golfe Juan, à bord du vaisseau amiral, magnifique symbole du vaisseau de l'Etat. *Le Colbert,* qui a pour blason un serpent, porte à son grand mât cette parole de vie : *Honneur et Patrie !*

Et lorsque, au coucher du soleil, tambours battants, nous avons tous salué le Drapeau national, l'équipage entier, debout, le cœur palpitant et la main au front, prenait l'engagement d'aller dans l'univers entier prêcher à toute créature cet Evangile du peuple très chrétien, transformé par le Laïcisme en nation très naturaliste :

*L'honneur de la Patrie française.*

Droits de Dieu, droits de l'humanité, tout s'éteint absorbé dans le droit du citoyen.

Or, l'équipage des libres enfants de Dieu, librement engagés sur la Barque de saint Pierre, quand il salue le pavillon de l'unité catholique, élevant la main au front, à la bouche et au cœur, s'engage à porter à toutes les extrémités du globe le principe évangélique d'une vie beaucoup plus large et plus haute, vraiment universelle.

Mais, direz vous, l'Ecole d'Auguste Comte a les mêmes généreuses affections dans un cœur plus largement ouvert que le Royaume de Louis XIV, l'Empire de Napoléon et la République de Danton.

Assurément, nous ne confondons pas votre famille de libres-penseurs avec toutes ces dynasties asservissantes. Nous n'attendons rien de leur Politique ; nous espérons beaucoup de votre Science. Nous honorant d'avoir pour ancêtres et frères aînés tant de grands chrétiens, la plupart catholiques, Albert le Grand, Roger Bacon, Copernic, Képler, Newton, Christophe Colomb, Leibnitz, Pascal, Linné, Ampère, Biot, Cauchy, Dumas, Leverrier, Secchi, Corneille, Palestrina, Haydn, Gluck, Mozart, tous hommes de science autant qu'hommes de foi, nous tenons trop à cette filiation lumineuse, pour avoir aucune envie de vous effacer et de vous éteindre, vous qui êtes de leur race forte et laborieuse. C'est vous, qui rêvez de nous anéantir. C'est vous, qui répudiez toute alliance fraternelle avec nous, chrétiens catholiques, pour aller vous affilier aux Césars et Césariots, qui ont toujours eu un principe, un idéal et une action sociale contraires à notre foi commune, à notre espérance commune, à notre charité commune. Comment pouvez-vous rompre avec l'Eglise qui embrasse toute l'humanité, pour vous conjuguer avec le Laïcisme royal, impérial et jacobin, qui n'embrasse que la Patrie, qui exclut l'universel, qui transforme l'altruisme en égoïsme ?

Est-ce un fait que, sous la main, la serre ou la patte du Pouvoir séculier, l'homme spirituel incline à tourner en homme animal ? Depuis la Renaissance du Césarisme, de

Philippe le Bel aux Napoléons, la personne, la dynastie, la capitale, la patrie, tout a transpiré l'égoïsme.

Le mariage d'intérêt, d'affaires, dont les princes laïques ont donné l'exemple, imité par les nobles, les bourgeois, les artisans mêmes, est devenu, comme on l'a nommé, *l'égoïsme à deux ;* et le système contre nature de *la dot* et de la spéculation conjugale a eu pour résultat le *double ménage,* le concubinat ; et le malaise général aboutit au divorce, à la rupture fatale d'unions malsaines entre des cœurs durs. L'Amour n'a plus droit de cité !

La famille, selon la définition du savant légiste Dupin aîné, en est venue à avoir pour raison sociale le *chacun chez soi, chacun pour soi ;* et à ce point, qu'elle se dissout d'elle-même absolument : les enfants s'émancipent, vivent à part, les frères hors de communauté avec leurs frères, loin de leurs vieux parents isolés, délaissés, abandonnés.....

La corporation d'arts et métiers, supplantant la Confrérie chrétienne, n'a plus eu pour principe que l'égoïsme, n'a plus eu pour but que l'intérêt d'un groupe, exploitant à son profit le corps social ; et si bien, qu'il a fallu dissoudre les jurandes, dans l'intérêt de la communauté.

Le Municipe antique, remplaçant la Paroisse catholique et la Communauté monastique, est devenu, peu à peu, à peu près, une Commune où il n'y a plus rien de commun. Les biens communaux ont été morcelés, éparpillés; le chacun pour soi a repris le dessus; les individus ont acquis incontestablement une puissance personnelle plus grande, mais au détriment de la collectivité. M. Dupin aîné, peu suspect de tendresse pour le Moyen Age, a confessé la décadence effective de la Commune dans les temps modernes (1). Le mal de l'insolidarité a pris des proportions énormes dans les grandes communes urbaines, dans les centres manufacturiers; et de là vient qu'à la Révolution politique va s'ajouter la Révolution sociale, dont les cris de guerre sont:

*Association, Collectivisme, Communisme.*

Ainsi, tous les groupes sociaux ont tendu à la désagrégation sous des pouvoirs laïques, qui n'ont eu le sentiment de l'unité qu'à un point de vue unique, l'intérêt de la patrie, l'unité nationale, l'Etat, à quoi ils

---

(1) *Promenades dans le Morvan.*

ont sacrifié toutes les unités secondaires.

L'égoïsme national a fait de la société française un édifice en *béton aggloméré,* où toute variété libre a été étouffée par le pouvoir central absorbant, par l'Etat mange-tout, — un ogre plein de bonnes volontés (l'enfer social en est pavé !). Certes les hommes d'Etat n'ont pas cessé de vouloir le bien public et d'y travailler : tout le monde a bon cœur; mais le meilleur ouvrier a besoin d'un bon instrument. Or, la Centralisation royale, impériale et conventionnelle, laborieusement poursuivie depuis le Moyen Age, comme l'a démontré Tocqueville, est absolument condamnée par la vraie sociologie, comme par le bon sens naturel, comme par l'Evangile. La tête de la nation a grossi démesurément dans la capitale gigantesque, et elle a fini par dire aux mains et aux pieds privés de vie : » Vous ne m'êtes pas nécessaires (1). » L'Etat Césarien n'est, en vérité, qu'un *caput mortuum.* Or, les morts, ayant gardé une foi et une espérance pleines d'immortalité, sentent le besoin de ressusciter à la vie. Et comment l'Etat serait-il l'agent de la Résurrection générale, lui qui n'a l'idée

(1) I Cor., xii, 21, 25, 27.

d'aucune réforme sociale profonde, d'aucune refonte radicale; lui qui ne croit pas au miracle, et qui n'est point bâti pour en faire ?

Et c'est pourquoi le Pouvoir laïque, ayant usurpé sur l'Humanité autant que sur Dieu, en substituant à la devise évangélique :

*Dieu et le prochain,*

la devise de l'égoïsme dynastique :

*Dieu et le Roi;*

bientôt remplacée par la devise de l'égoïsme individuel :

*César seul Roi, seul Dieu :*

L'Etat laïque ayant successivement enlevé aux provinces, aux communes et aux individus tous les privilèges de droit naturel, vint un jour où, malgré toute la bonne volonté de Louis XVI, la royauté aristocratique, impuissante à réparer le mal arrivé à son excès, se vit débordée par la première inondation du *déluge de feu,* prélude de la fin du monde séculier. L'Ancien Régime, secoué par les éruptions du volcan populaire, fut emporté par le vent brûlant d'un naturalisme impitoyable; et des entrailles de la nation, blessée par l'iniquité, affamée de justice, sortirent ces cris d'une espérance désespérée :

Révolution !

Droits de l'homme !

Liberté, égalité, fraternité, ou la mort !

Il semble que les rois et empereurs du laïcisme n'aient fait l'unité monstrueuse du corps politique, que pour en voir la rupture, *ut sit schisma in corpore*. Le succès de leur unique amour, l'*Unité nationale,* nous crève les yeux et nous déchire le cœur. Jamais la patrie n'a été plus divisée. On prétend qu'il y a *deux Frances,* et l'on rêve d'en supprimer une, la France chrétienne, pour n'en plus avoir qu'une sur le terrain, la France humanitaire ? La belle illusion ! car c'est précisément du camp des anti-chrétiens que part le cri de la scission générale et de l'éparpillement de l'Etat en parcelles, en poussières. Ecoutez les cris d'en bas :

Communalisme !

La commune !

Tel est le dénouement du drame laïque, qui a pris, sur la scène du monde, la place du drame évangélique. Le mélodrame national s'est cru supérieur à la Divine Comédie, et il n'a même pas laissé monter sur ses planches trop étroites l'universelle humanité. Par instants, la Révolution, réagissant contre le monde national au nom de la grande nature, a eu la vélléité d'ouvrir les portes de ses assemblées à nos frères d'outre-Rhin et d'outre-Monts : Anacharsis Clootz a été député; Garibaldi a failli l'être; et Schiller a été appelé citoyen français. Mais le beau feu de paille ! Le cœur national, renflammé à la fournaise patriotique, s'est mis à hurler :

> « Allons, enfants de la Patrie,
> Le jour de gloire est arrivé :
> Marchons, marchons !
> Qu'un sang impur abreuve nos sillons ! »

Voilà l'hymne humanitaire de la République laïque; et telle est la leçon que l'Université, *alma mater,* foyer de science française, antihumaine et antichrétienne, fait épeler à la jeunesse laïcisée et chanter dans son Orphéon païen :

Abreuvons nos sillons du sang des peuples étrangers. Tout ce qui n'est pas de pur sang français, sang impur !

On ne s'arrête pas en si beau chemin. Après avoir bu le sang du prochain étranger, le sol de la patrie doit exterminer l'esprit de l'étranger. C'est le cri de l'Apocalypse laïque nationale : *quod foris est, mitte foras !* Le Pape, un étranger, dehors ! Les religieux, qui osent s'organiser en ordres étrangers à l'Etat, dehors ! A la porte les congréganistes, fussent-ils Alsaciens et Lorrains ! A la porte les Italiens !

La France ne doit pas se laisser envahir par des étrangers qui nuiraient à l'organisation de sa force militaire. Le patriotisme laïque ayant pour principe l'égoïsme national a pour fin la guerre. L'homme d'Etat français fût-il d'origine étrangère, Napoléon, Italien de race et Corse, Mac-Mahon, Anglais, Gambetta, *le Génois*, n'a jamais eu souci que d'armements, pour la revanche et la conquête, pour l'influence et la domination.

A l'heure présente, la Déesse Raison nationale, changée en Mentor, n'a plus qu'une idée :

Elever l'enfance dans l'arsenal de Mars, sous l'égide de Pallas.

Le ministre de l'instruction publique, un grand enfant terrible, a lâché, du haut de son verbe vulgaire, cette solennelle déclaration : « La République a deux sollicitudes, l'instruction publique et l'armée ! » Un Gymnase, laïque, obligatoire, pour préparer à la vie des camps la jeunesse, *gratis pro Deo*, pour la plus grande gloire de l'Etat ! Ce n'est même plus Mentor qui dirige l'université, c'est Chiron qui la mène, ventre à terre ! Le Centaure, instructeur de nos Hercules gaulois, de nos Achilles français, exerce au maniement des armes ses Lycéens, marmots du patriotisme guerrier, moutards de l'Etat homicide ; et nous parions, si la *Pensée dirigeante* de la République vit, comme celle de l'Empire, ses trois lustres, ce que vivent les roses laïques dans le parterre politicien, nous gageons à coup sûr que, de ses *Lycées de filles,* vont sortir de lycéennes viragos, des louves patriotiques, dressées à allonger leurs aiguilles en épées, pour le service aux remparts de la nouvelle Athènes. Il n'y a pas loin du culte de la mère des Gracques à l'idolâtrie de l'Amazone. On a vu, sous la Commune, le *Quatrième Etat,* le démagogique, procréer une bande de Harpies armées en guerre. Le Tiers Etat démocratique saura donner à ce monstre une tournure plus propre, plus bourgeoise, mieux avenante à Monsieur Prudhomme : nous verrons le buste de Jeanne Hachette remplacer, dans les écoles laïques, la statue de Notre-Dame, la Reine Mère des pacifiques.

Et quelle sera la fin de cet enfantement suprême de la Patrie, transformant dans ses entrailles animales la Femme en Hommasse, l'amour et son parfum en chaleur de haine et en puanteur ; car le patriote, essentiellement fumeur et brûle-gueule, fait son amante d'une pipe culottée ! Que va-t-il advenir de cette mise bas d'une humanité brutale, d'une unité française bestiale ? La ruine, encore et toujours, sous une plus profonde irruption du déluge populaire. Déjà gronde le volcan ; et, parmi les bruits souterrains, montent et jaillissent au milieu des cendres brûlantes, précursives de la lave, ces voix du tonnerre humain, hurlements de la bonne nature enragée :

*Guerre à la guerre !*
*Abolition des armées permanentes.*
*Internationalisme !*
*Paix à l'humanité !*

C'est l'*Internationale rouge*, que ce pauvre diable de Ferry se charge d'enterrer sur l'*Internationale noire*; c'est le *Coq rouge* qui va chanter, pour rappeler Pierre lui-même, s'il le faut, à la Béatitude des Pacifiques fils de Dieu et au triomphe de la Croix ; et c'est lui, cet importuniste réveille-matin, qui se chargera de rappeler aux esprits forts de l'Etat armé, par des coups d'Etat plus forts, les *devoirs* que les pouvoirs laïques n'ont point remplis, et les *droits de l'homme* que les peuples n'ont point acquis :

La *Justice*, que réclament toujours les plèbes ouvrières des villes ;

La *Paix*, que veulent absolument les masses laborieuses des campagnes.

Ainsi donc, ni la Royauté laïque, ni l'Empire laïque, ni la République, aucune des trois *Craties* qui ont remplacé la *Théocratie*, n'a su nous montrer dans aucun grand Etat, la liberté au sein de l'ordre, la Justice dans les embrassements de la Paix. C'est le contraire. Toutes les puissances sécularisées, depuis le premier siècle de la Renaissance jusqu'au plein siècle des lumières et de la déesse Raison française, semblent avoir eu pour unique affaire de contrarier l'essor de l'altruisme humanitaire et de relâcher la bride à l'égoïsme exploiteur et homicide.

C'est en vain que Dieu attire et que la Nature pousse l'homme et la société vers la Justice et la Paix : toujours l'élan de l'Humanité vers ces biens délicieux est arrêté par César contradicteur de Dieu et par l'Etat condradictoire à la Nature. Et même après la revendication des *Droits de l'homme* par la Révolution, il se trouve que :

La liberté n'est qu'un leurre pour beaucoup, restant le privilège de l'Etat, qui la refuse à toute association qui lui déplaît;

L'égalité, conquise sur le papier, est une mauvaise plaisanterie, car l'inégalité aristocratique de la *cuisse de Jupiter* a été remplacée par l'inégalité plus ignoble du *Ventre de Mammon;*

La fraternité n'est qu'un mensonge, puisque le Césarisme et sa queue nous entraînent incessamment dans la guerre fratricide universalisée.

Hélas! et la Science et toutes les Sciences naturelles, par les soins de beaucoup de vrais savants, se sont mises au service de ce Laïcisme inhumain, et lui ont fourni des armes de plus en plus perfectionnées, pour pousser à bout son grand œuvre de division, de désolation, d'abomination.

Pauvre Science indifférente, travaillant indistinctement pour le bien et pour le mal! Ne semble-t-il pas qu'on puisse lui appliquer la sentence portée par l'Ange de saint Jean contre l'Eglise laïcisée, *Laodicée?* « O science populaire, tu dis : Je suis riche et opulente, et je n'ai besoin de rien d'en haut; et tu ne sais pas que tu es malheureuse et misérable, pauvre encore, aveugle du côté du ciel, dénuée de l'auréole divine. Je te conseille d'acheter de moi l'or éprouvé au feu de l'Esprit, afin de t'enrichir et de te vêtir de la robe candide de l'unité universelle, afin de voiler ta nudité piteuse. O science du siècle des lumières, applique un collyre sur tes yeux atteints de myopie galopante, afin que tu voies dans les hauteurs des cieux aussi bien que tu vois dans les profondeurs de la terre. Je te reprends, parce que je t'aime et te veux voir pure et parfaite. Fais donc pénitence de ton infirmité, en allumant ton zèle au Soleil des intelligences (1). »

Chers savants, si vous êtes mieux que tous autres en mesure de glorifier ce que le zèle des sciences naturelles a fait pour le bien social, au moins n'êtes-vous pas hommes à méconnaître ce qu'il a mis de méchantes inventions au service du monde mauvais. Ce n'est pas Roger Bacon qui a conseillé d'employer la poudre pour l'homicide; ce n'est pas du ciel théologique qu'est descendu le calorique dans la mitrailleuse et l'électricité dans la torpille et tant de foudres épouvantables, miracles du ciel scientifique de Méphistophélès.

Il nous suffirait d'ouvrir le beau livre sur le

(1) Apoc. III.

*Moyen Age et les Barbares* et d'en rapporter les témoignages si justes, pour démontrer que, tant qu'elle a été jeune et libre, avant l'empiétement de Philippe le Bel, l'envahissement de Louis XIV et le déchaînement du Napoléon de la guerre, l'Eglise théologique a fait tout le contraire des faits et gestes de l'Etat séculier; qu'elle n'a point cessé de refréner les Barbares sauvages et civilisés, de protester contre l'amour des batailles, de conseiller la paix, de prêcher l'unité et d'en réaliser, autant que possible, les bienfaits dans tous les groupes de la société humaine.

Votre maître Littré, échappant aux doctrines quelque peu libertines de Fourier et d'Enfantin sur l'*Amour libre*, a déclaré très haut que le Positivisme acceptait l'héritage du Christianisme sur le mariage monogamique. Vous avez compris que là était, même et surtout dans la société civilisée, la garantie nécessaire à la dignité de la femme et à l'éducation des enfants; et vous savez avec quelle sollicitude pieuse le prêtre disait aux époux : « Soyez l'un pour l'autre ce que le Christ et son Eglise sont l'un pour l'autre. »

Vous avez vu les Evêques du Moyen Age offrir pour exemple à toute famille humaine l'harmonieuse unité de la *sainte Famille* de Nazareth, reflet de la divine Trinité.

Vous avez certainement su distinguer la Confrérie religieuse d'avec la Corporation d'arts et métiers, celle-ci s'enfermant dans son égoïsme, l'autre unie intimement à toutes les associations de la Paroisse.

Vous saviez, vous, avant que M. Sémichon mit la chose en pleine lumière, que, bien avant *l'affranchissement des Communes,* les évêques avaient organisé la Commune paroissiale sous ce titre édifiant : *Paix de l'Eglise;* et que le principe de l'Economie politique, dans ce temps-là, c'était *le contrat de Société,* c'est-à-dire *l'Association,* planche de salut social, qui revient sur l'eau après un long engloutissement.

Et qui peut mieux qu'un Littré exposer aux yeux des Socialistes surpris la merveille de la *vie monastique bénédictine,* tout entière fondée sur le type évangélique; et dont les avantages moraux et économiques furent prolongés dans ces *Monastères d'époux,* qui, au rapport de M. Troplong, ont couvert l'Europe entière, mise en culture par un peuple d'apôtres et d'ouvriers pacifiques (1) ?

(1) *De la propriété.*

Dès lors, se produisit, au sein de l'Eglise, l'embryon de l'*Association intégrale*, dans le Monastère ou *Demeure de l'Unité*, que Dom Calmet définit en ces termes :

« Le Monastère de saint Benoît, c'était une ferme rurale, dans laquelle se trouvaient rassemblées toutes les industries que peut cultiver l'homme, depuis les fumiers jusqu'à la théologie. »

Le ciel théologique, votre maître l'a écrit lui aussi, abritait donc alors toutes les sciences jusqu'à la chimie agricole.

Et quels étaient le principe et la forme de cette Cité nouvelle descendue du ciel et du sein de Dieu ? En trois mots :

*Un seul cœur,*
*Une seule âme,*
*Communauté des biens* (1).

N'est-ce point là le germe de cette Harmonie universelle dont rêvent tous les socialistes, et déjà ébauchée sur notre terre renouvelée, où doivent habiter, sans trouble, la Justice et la Paix !

Que toute cette vaste entreprise d'édification des Papes et des Moines bénédictins ait été

(1) Actes des Apôtres, I-IV.

menée au nom de la Théologie ou au nom de la Science humaine, qu'importe aux Positivistes, s'ils trouvent là une réalisation positive de leur propre desideratum ? Le Socialisme moderne, tout d'une voix, demande qu'à la société militaire succède une société industrielle et pacifique. Est-il possible de nier que presque tous les conflits entre l'Eglise et l'Empire ont eu pour cause la résistance de la Papauté et des Ordres religieux à la politique tortueuse, inique et guerrière des Princes de ce Monde ?

Et la sève de cet arbre est si vivace, que, même lorsque ses branches sont étouffées par les parasites, elle apparaît encore et montre les fruits noués de sa bonne nature.

Pie VII a été dépossédé par Napoléon, pour n'avoir pas voulu s'associer au Blocus continental et prendre part à la guerre contre l'Angleterre (1). Et Pie IX a été détrôné pour n'avoir pas voulu se mettre à la tête de l'Italie guerrière, se flanquer d'une épée homicide et lancer une sainte croisade patriotique contre l'Autriche.

(1) Les deux autres griefs étaient la *suppression des ordres religieux* et le *divorce*, deux opérations reprises par la république actuelle.

A ce sujet, chers Messieurs, un mot qui explique toute la situation où se prolonge le duel séculaire de l'Eglise et de l'Etat.

L'un de mes plus chers amis (1), phalanstérien converti, revenant d'un pèlerinage à Jérusalem, il y a plus de vingt ans, m'écrivait de Rome :

« La Révolution italienne, soufflée par le roi de Piémont, ne tardera pas à entrer dans Rome, pour y restaurer l'antique César, selon l'espérance gibeline du Dante.

« Il n'y a pas de conciliation entre l'Italie séculière et l'Eglise chrétienne.

« Les Italiens veulent fonder la *Patrie* sur le modèle antique.

« Le Pape catholique veut fonder l'*Humanité* dans l'ordre nouveau du royaume de Dieu. »

Il est impossible de mieux résumer la raison profonde de l'antagonisme entre les deux puissances :

L'une subordonne l'Humanité à Dieu, pour faire de tous les peuples une seule famille ;

L'autre subordonne Dieu et l'humanité à la Patrie, pour faire de la Chrétienté divisée en tronçons une nouvelle Grèce anarchique, de

---

(1) Julien Chevalier Malibert.

nouveau condamnée à être dominée par de nouveaux Césars, eux-même divisés, étrangers les uns aux autres, hostiles, guerroyeurs, et dont toute la sagesse consiste à s'entre-détruire.

Et c'est ainsi que toutes les nations schismatisées en sont venues les unes après les autres, après la France très chrétienne, l'Italie elle-même, à considérer l'Eglise, leur mère universelle, comme une étrangère, à appeler le Pape un étranger !

Au moyen âge, *Regnante Christo*, à l'ombre pacifiante du Vicaire de Jésus-Christ, l'Humanité prenant conscience d'elle-même dans les bras de l'Eglise, les peuples apprenaient de la Théologie à ne plus voir un étranger dans le prochain. Alors, toutes les Patries entrent dans la communion de la sainte Humanité. Le Pape, Père commun et prince de la famille chrétienne, peut être pris indifféremment dans toutes les nations. Les évêques et les abbés vont d'un trône à l'autre, d'un pays à l'autre, sans que l'idée vienne de leur demander leur titre de nationalité étroite. Saint Anselme et Lanfranc portent leur houlette d'Italie en France et en Angleterre. Saint Colomban part d'Angleterre pour gouverner le bercail des Allemands. Hildebrand, le Toscan, est prieur de Cluny, avant d'être Pape roi dans Rome. Saint Benoît fonde un ordre religieux qui étend ses harmonies à toute l'Humanité; et j'avais le bonheur d'embrasser un de ses fils allemands, un prussien et de Berlin, prieur de Subiaco, à l'ombre du Saint-Père, à l'heure même où Français et Prussiens s'entre-tuaient sous les sceptres croisés des deux Princes du laïcisme, nouveaux Césars, tous deux fermant leur oreille inhumaine, animale, aux supplications du Vicaire de Jésus-Christ, qui leur criait : « La paix ! la paix ! »

La paix ! c'est aussi le cri de votre cœur, honorables amis. La justice sociale accomplie, les castes disparues, la fraternité universalisée, l'égalité à la limite voulue par la nature, la liberté épanouie dans l'ordre. Voilà notre foi, notre espérance, le but de nos œuvres. Nous sommes d'accord pour chanter dans un même concert.

Ce concert, qui le produira dans sa plénitude ?

Est-ce l'Ecole positiviste, est-ce l'Ecole sociétaire, et plus parfaitement que l'Eglise catholique ?

— Oui, me répondez-vous, parce que notre philosophie est tirée des entrailles mêmes de l'humanité, pour le plein épanouissement de la nature humaine et pour la félicité de tous les peuples. Tandis que « la Théologie impose « à l'homme, au nom de son Dieu, une loi « morale contre nature. »

— J'affirme et je soutiens que ce jugement n'est pas fondé. Depuis vingt-cinq ans que moi, sorti de l'Ecole libérale la plus hardie, la plus effrénée, j'étudie le dogme et la morale catholiques, il ne m'a été possible de découvrir qu'un seul point sur lequel l'Eglise condamne nettement la liberté phalanstérienne : c'est le mariage. Le Sacrement coupe les ailes à *la papillone*, et seulement *en amour*. L'église n'impose à personne le célibat ; elle impose à tous la monogamie.

Mais, puisque votre Sociologie accepte le mariage chrétien, l'objection que peuvent faire encore quelques phalanstériens n'existe pas pour les positivistes. La monogamie est commune à votre ciel scientifique et à notre ciel théologique.

Objecterez-vous encore le grand et universel précepte de la *Pénitence*. Il y a, pour bien répondre, tout un traité à écrire, afin de faire comprendre, non seulement à vous et à mes condisciples de l'Ecole sociétaire, mais encore à beaucoup de chrétiens demi-savants, que la Pénitence, dans l'économie du Christianisme, ne va point sans la Vie, car la Pénitence n'est que le moyen d'aller à la Vie : *Pœnitentiam dedit Deus ad vitam.*

L'état de la pénitence contient l'ordre de la vie, malgré toutes les apparences contraires, comme la chrysalide contient le papillon. C'est de son tombeau que sortira Psyché, pour prendre son vol libre et joyeux; comme du Saint-Sépulcre, l'Homme-Dieu ressuscité !

L'Eucharistie n'est pas seulement le signe du sacrifice de l'homme à Dieu; elle est la communion de l'homme avec Dieu; et l'homme puise à la source divine un surcroît de puissance, pour donner à ses frères la vie, et la vie de plus en plus abondante.

Si la grande intuition de Fourier, les *attractions proportionnelles aux destinées,* était une hérésie, M. Ferraz n'aurait pas, dans un livre récent, constaté que Fourier n'a fait que développer, sous une forme plus méthodique, l'une des grandes idées de saint Augustin (1).

J'ai déjà cité la doctrine conforme de saint Thomas d'Aquin sur le respect de la provi-

---

(1) *Psychologie de saint Augustin.*

dence à l'égard des inclinations naturelles; et je ne puis mieux conclure, sur ce grief des naturalistes, qu'en lui opposant la dernière parole *ex cathedra* de Léon XIII.

« Il plaît, dit le Souverain-Pontife, parlant à tous les Evêques du globe qui entendent sa langue, il plaît à la sagesse de Dieu que toutes choses soient ordonnées et conduites à leur terme, *de la manière qui convient à la nature de chacun* (1). »

C'est dire que la Théologie morale est positivement harmonique à la nature humaine.

Et voilà ce que n'ont compris aucun des pouvoirs laïques qui ont supplanté l'autorité ecclésiastique.

L'ignorance et l'aveuglement et l'entêtement dans l'erreur sont tels, que lorsque Léon XIII, dans une précédente encyclique, a subordonné toute loi positive, séculière et temporelle, au Droit naturel éternel, le journal *La République Française* a cru devoir protester énergiquement, et toute l'Ecole jacobine a reproduit à la Tribune cette thèse solennelle et grotesque, à savoir que l'Etat, sa Loi et ses Décrets sont

(1) Decet sapientiam Dei, eo modo res universas ordinari et ad metam perduci, qui naturæ singularum conveniat. Ecyclique *Sancta Dei, civitas.* 9 décembre 1880.

la seule raison sociale de la République, et que le Droit naturel, ensemble avec le Droit divin, n'a qu'à se le tenir pour dit, sans dire mot et à s'y soumettre, *sine verbo, perinde ac cadaver*...

Est-ce à l'Ecole d'Auguste Comte, que Gambetta appelle « le plus grand penseur du siècle », que ce plus grand des beaux parleurs s'est inspiré, pour souffler à toute sa queue opportuniste cette importune philosophie politique de Hobbes ? Est-ce pour fêter le centenaire de la *Déclaration des Droits de l'homme*, que l'on enterre le Droit naturel au nez de l'Homme confondu ?

Voilà pourquoi nos Moines, révoltés contre les Jacobins, s'accordent avec tous les vrais libres penseurs pour opposer au moins la force d'inertie aux mesures violentes renouvelées de la tyrannie royale et impériale, et se laisser assiéger, crocheter, exterminer, en poussant contre leurs persécuteurs inconséquents, iniques, idiots, le cri de notre faim et soif de la justice inassouvie :

*Liberté, Egalité, Fraternité !*

Votre maître Littré avait, le premier, rappelé nos malheureux politiciens au respect du Droit naturel, parlant, sur ce chapitre-là, le même langage que le Pape.

Donc, la Morale de Droit divin, pas plus que la Morale scientifique, n'est contraire, en principe, à la Nature humaine.

Mais avant de donner libre essor à la bonne nature, il faut qu'elle soit bonne en effet, qu'elle ait été purgée et purifiée.

Si, comme l'a écrit le savant docteur Barrier, « l'Humanité est une enfant malade », quel hygiéniste aurait l'idée de lancer cette infirme dans la vie, sans l'avoir soumise à un régime de réparation, sans l'avoir aidée dans sa marche progressive, comme on soutient l'enfant pour ses premiers pas? Ce fut la raison de l'âge théocratique romain et du gouvernement sévère d'un Grégoire VII, *virga ferrea*.

Quant au régime claustral de la Pénitence, il eut pour raison la nécessité de la réforme intérieure des âmes, et ceux-là surtout durent donner l'exemple des privations, des jeûnes, des abstinences, des macérations, qui avaient charge de marcher à la tête de la société et de donner à leurs frères l'exemple du sacrifice. Littré nous a raconté de quoi furent capables ces grands Bénédictins du Moyen Age, apôtres de la charité, de la science et de l'industrie. Et vous savez tous qu'à l'heure présente, encore, c'est par la charité, qui commence par le sacrifice de l'égoïsme à l'altruisme, par le sacrifice de soi-même à la paix du ménage et de la famille, au bon ordre de la paroisse, de la cité, de la patrie, de l'humanité, c'est par elle qu'ont été réalisées les grandes œuvres du Moyen Age, selon le témoignage de la plus grande science historique.

C'est par la science de la charité que va s'accomplir l'édification de l'humanité, par la charité positive, pratique, effective.

Jusqu'ici, avouez-le, vous n'avez encore produit qu'une chose : la théorie de la science sociale, l'enseignement de la Sociologie. Vous n'en avez pas édifié la réalité positivement, pratiquement. Fourier et Auguste Comte n'ont laissé derrière eux qu'une Ecole enseignante ; et aucun de nos condisciples ne peut dire de l'un ni de l'autre ce que saint Luc écrit de Jésus : *cœpit facere et docere.*

Et qui donc peut mettre en doute la nécessité du dévouement jusqu'à l'abnégation, jusqu'au sacrifice de soi-même, pour le salut de nos frères ?

Ce n'est pas Littré, ni Auguste Comte ; et ce n'est pas même Fourier.

Dans un manuscrit, publié par Considérant après la mort de son maître, nous avons lu cette déclaration testamentaire : « J'emporte des secrets sans lesquels ma théorie est irréalisable. L'un d'eux, c'est *la charité*. La charité consiste dans le sacrifice de l'individu au groupe, du groupe à la série, de tous les membres du corps social à l'humanité. »

C'est la leçon précise de tous les évangélistes : Sans la charité, nous ne pouvons rien.

Le Maître des chrétiens a commencé par faire ; son Eglise a commencé par faire ce qu'elle n'a cessé d'enseigner, depuis les Actes des Apôtres jusqu'aux Edifications des Moines. Littré nous a raconté de quoi furent capables, en réelle pratique, les grands Bénédictins du Moyen Age, apôtres actifs de la charité, de la science et de l'industrie. Et vous savez qu'à l'heure présente, encore, dans leurs Monastères et dans leurs Trappes, il y a, sur une même table et dans une même agape fraternelle, trois parts de nourriture inégales :

Pour les familiers laïques, trois repas ;
Pour les frères couvers, deux repas ;
Pour les frères du Chœur, un seul repas.

Les princes, dans cette société, font toujours maigre et mangent moins que leurs sujets ; ils réservent le gras et les vivres abondants au peuple. C'est plus que l'égalité ; c'est l'inégalité au profit des inférieurs. C'est le monde renversé !

Fourier, dans son Phalanstère, admet trois tables, pour les classes

riche,

moyenne

et pauvre ;

et, bien entendu, le service le plus abondant est pour les riches.

Les Communistes ne dépassent pas le régime universalisé de l'égalité.

Il faut donc que nous, laïques, nous confessions humblement que jamais aucune société séculière n'a offert un modèle aussi parfait d'humaine fraternité que la Cité monastique.

Nous ne pensons pas que MM. Grévy, Say et Gambetta, les trois Archontes de notre République athénienne et leurs ministres aient jamais songé à adopter un tel système d'Economie politique et domestique. Mais nous croyons leur cœur digne de comprendre et d'admirer ces miracles de la charité chrétienne.

Quoi qu'il en soit et quelle que soit la mesure qui convient à chacun, selon sa faiblesse ou sa force morale, nous sommes tous d'accord pour reconnaître qu'aucune société ne peut être fondée, élevée et appelée à bien vivre sans le dévouement de chefs sacrifiés, sans l'abnégation, sans la pénitence, c'est-à-dire sans quelque peine prise sur soi par chacun pour soulager le fardeau du prochain, en un mot sans *la croix*.

Et nous croyons pouvoir affirmer, sans conteste, que la force à prendre et porter la croix, signe suprême du sacrifice volontaire, vient naturellement, principalement à ceux qui ont appris à suivre le Crucifié; et conséquemment que l'exemple du sacrifice, nécessaire au progrès de l'humanité, a été donné par les hommes d'Eglise plus que par les hommes d'Etat, par le sacerdoce et l'Ordre monastique plus que par aucun pouvoir séculier, aristocratique, autocratique et même démocratique.

Mais admettons que vous, princes des savants, à la tête de Paris la grande ville laïque, et Considérant, mon meilleur ami, Régent du Phalanstère rural, vous parveniez, à la plus grande joie de l'Humanité perfectionnée, à réaliser, sur la terre pacifiée, l'harmonie sociale dans sa plénitude, telle que l'a prophétisée saint Paul, *in virum perfectum secundum plenitudinem ætatis ;...*

Supposons que vous avez opéré sous nos yeux, à notre contentement, mieux que le Monastère bénédictin, mieux que la Hiérarchie catholique; que vous ayez trouvé pour le culte de l'Humanité, votre Religion, mieux que n'a cherché l'Eglise pour le culte de l'Homme Dieu et de la Femme divine;

C'est fait, c'est accompli : nous vivons dans l'Age d'Or, au sein du Paradis terrestre !

Eh bien! en présence de votre grand œuvre, architectes humanitaires, nous viendrons encore vous dire que, simples laïques, positivistes, naturalistes, cultivateurs harmonieux de l'Eden, vous ne suffisez pas, quels que soient votre rare génie et votre admirable dévouement, vous ne suffisez point à la tête de l'humanité, pour le plein et parfait accomplissement de sa destinée.

Votre science suffit à la terre; mais pas au delà.

Or, il y a quelque chose au delà.

— Toujours l'invisible ?

— Non : au delà de notre globe, les autres globes; les terres célestes nos semblables, et dans les cieux d'autres humanités nos sœurs, et des soleils nos aînés, nos chefs d'ordre, nos maîtres recteurs.

Or, il faut, à la tête et au centre de la terre, un foyer d'amour, de culte et de science transcendante, qui nous serve de lien avec le monde sidéral.

Nous n'allons pas, apparemment, charger César, ou Brutus, ou Périclès de nous faire communier aux cieux, puisqu'ils ne croient ni à ciel, ni à communion religieuse. Ils seraient capables de déclarer la guerre aux étoiles, pour les soumettre à la centralisation de l'Etat romain, athénien ou gallican....

Ils seraient de force à séparer les planètes de toute communion avec leur terre, à titre d'étrangères, et de refuser toute déférence aux constellations d'outre-atmosphère, et d'envoyer promener, comme un étranger, le soleil, au nom de la morale et de la physique indépendantes.

S'il y a un lien entre les mondes, il doit y avoir une autorité intermédiaire, régissant harmonieusement les êtres des deux sphères, une providence *amphi-mondaine*, selon l'expression juste du Docteur Doherty.

Voilà ce qu'est pour nous l'Eglise.

Telle est la différence entre l'ecclésiasticisme catholique et le laïcisme nationaliste.

Et la différence est la même entre Dieu et

César, le Pape et l'Empereur, que le Césarisme soit représenté par l'*Imperator,* le *Rex* ou le *Tribunus plebis.*

Et voilà pourquoi Jésus a dit ce mot profond, si mal compris, quoique si bien interprété depuis dix huit cents ans par Origène :

*Rendez à César ce qui est à César.*

Rendez au prince d'en bas tout ce qui est de l'égoïsme étroit, de la chute en sauvagerie, de la déchéance en barbarie, de la subversion contre nature, de l'iniquité, de l'antagonisme de la guerre.

Rendez à Dieu tout ce qui est de la bonne Nature.

César veut tout dominer, tout absorber en soi; et, au bout de ses rêves d'unité universelle, il n'arrive jamais qu'à la division. César est le Prince de ce monde où s'entre-battent des patries contraires.

L'Homme Dieu veut tout unir, pour tout vivifier au sein de la paix éternelle.

Le laïcisme sécularisé n'a jamais pu aller au delà de la Patrie, et, conséquemment, n'a su mener les peuples désolés qu'à la guerre.

Vous, Princes des savants, dont le cœur large s'ouvre à l'humanité entière, comment pourriez-vous être et vous mettre, contre l'Eglise catholique, au service de l'Etat séculier ?

Dans l'Etat, la guerre fatale.

Dans l'Eglise, la paix nécessaire, inévitable, la paix universelle.

Hors de l'Eglise, point de salut politique et social !

Mais (c'est votre suprême objection), mais l'Eglise se croit la créature de Dieu, prétend venir du ciel et nous conduire aux cieux !

Mais l'Eglise, c'est le miracle !

Un Dieu incarné, c'est contre nature !

Nous allons voir qu'il n'y a rien de plus naturel que le surnaturel.

# CHAPITRE DEUXIÈME

## ESSAI SUR LE MIRACLE

PREMIÈRE PARTIE. — THÉORIE

### § 1.

DROIT DE L'HYPOTHÈSE AU LIBRE EXAMEN

Pour voir clair au miracle, est-il nécessaire d'entrevoir Dieu, ou au moins de le pressentir ?

Nous pourrions répondre que Stuart Mill se figure volontiers, « un Dieu qui gouverne le monde »; et que Littré a écrit : « J'accepte les graves leçons qui émanent de l'Incogniscible. Mais il me suffit de le contempler sur le trône de sa sombre grandeur. »

Cependant, ni l'un ni l'autre de ces puissants esprits n'a encore embrassé par une vue claire, avec une intelligence précise et dans un amour positif, cet Être inconnu, que leur instinct scientifique se figure et que leur âme sublime contemple.

L'instinct les pousse, le cœur les attire; mais la raison les retient, et le sens positif ne leur a pas encore fait violence.

Nous nous proposons donc de raisonner sur des choses rationnelles, en partant, selon le procédé scientifique, de choses d'expérience.

Que si le nom de Dieu se trouve au début de ce petit essai d'étude positive sur le miracle, c'est sans doute parce que, dans notre conviction, la réalité de Dieu est au plus haut de l'échelle des phénomènes naturels. Je tends et je désire vous conduire à cette vision :

JÉSUS-CHRIST HOMME-DIEU.

Mais je prétends y marcher pas à pas, fermement appuyé sur les degrés de la réalité positive, en pleine terre scientifique.

Nous prononcerons le nom de Dieu comme une expression commune recueillie sur la lèvre unanime de tout le genre humain, en priant le très érudit et savant lecteur de nous laisser faire et passer au nom du droit de l'hypothèse.

Nous ne nous arrêterons qu'un instant devant l'hypothèse, pour demander si les savants peuvent logiquement lui refuser l'attention de leur libre pensée et de leur libre examen.

Si vos émules en science positive, Wallace et Stuart Mill, s'élèvent jusqu'à concevoir et admettre des natures célestes supérieures à la nature terrestre et un principe et foyer divin de la vie universelle, comment pourrions-nous, logiquement et légitimement, empêcher ces esprits forts de prolonger au-dessus des règnes terrestres les investigations de la science ?

Le Positivisme a le droit de réserve ou de suspicion à l'égard des hypothèses; mais je ne sache pas qu'il les interdise à la libre pensée, dans le champ laborieux de la libre recherche.

Qu'il nous soit donc permis de jeter d'abord un coup d'œil sur cette supposition :

Qu'il existe un ou plusieurs êtres supérieurs à l'humanité,

Afin de savoir s'il y a lieu d'admettre Dieu à l'état de simple hypothèse dans le laboratoire de l'esprit humain.

Quand il aura été convenu que l'hypothèse s'affirme assez énergiquement, pour mériter droit de bourgeoisie ou simplement droit de séjour provisoire dans la République des sciences, alors nous procéderons à l'analyse expérimentale du phénomène.

Ce n'est pas moi, certes, qui serais de force à vous dévoiler la raison positive du miracle, moi, chétif, ignorant en sciences naturelles autant qu'en sciences théologiques. Erudit de seconde main, je viens tout bonnement reproduire devant vous les arguments de saint Thomas d'Aquin et de saint Grégoire le Grand. Vous avez d'excellents yeux pour voir là où votre esprit les fixe; mais la meilleure bonne volonté du plus consciencieux des savants peut n'avoir pas trouvé le temps de tout regarder en tout et partout. Je vous convie à observer une étoile longtemps voilée sous des nuées orageuses et qui reparaît dans un ciel plus pur. Ma seule part de travail se réduit à profiter, pour la controverse, pour l'apologétique chrétienne, des grands progrès accomplis par votre Ecole même, dans ces derniers temps, où la science de la nature est si avancée, que les habitants de la terre peuvent lever un œil plus éclairé vers les mondes célestes plus approfondis et plus complaisants.

L'hypothèse, c'est celle d'un univers animé, sériairement ordonné, hiérarchiquement coordonné à un Soleil des esprits, et dont l'intelligence humaine peut voir et contempler l'image et la ressemblance dans le monde sidéral vivifié par son foyer solaire.

Y a-t-il un pivot de la sensibilité universelle, dans ce Cosmos dont nous avons contemplé l'ordre harmonieux (1) ?

Y a-t-il un soleil dans le monde lumineux des intelligences ?

Y a-t-il un foyer cordial de calorique dans cet enchaînement général des affinités altruistes, affectives, amoureuses ?

« *Il est un Dieu.* »

Ainsi chante Béranger, avec tous les poètes de tous les siècles, un seul poète excepté, et ce n'est point Voltaire, car il écrit :

« Si Dieu n'existait pas, il faudrait l'inventer. »

Y a-t-il un Dieu pour les savants ?

Dieu est-il ?

Toute l'humanité sentante, aimante et raisonnante a répondu :

*Oui !*

Ceux, en très petit nombre, qui ont dit :

*Non !*

sont des esprits forts, incontestablement, très forts par l'intelligence, des *raisonneurs*, qui veulent avoir la raison des choses, et ne

---

(1) Tome 1er, ch. *Cosmologie* 1re.

donneront leur acquiescement à la croyance universelle que sur preuve raisonnable, et démonstration bien raisonnée.

Ces grands douteurs, depuis Lucrèce jusqu'à Littré, rendent un service immense à l'humanité, puisqu'ils la contraignent, par leur obstacle, à s'armer de forces plus profondes, d'un amour de la vérité plus actif et de lumières plus pénétrantes, pour vaincre la résistance et faire disparaître toutes les ombres de la nuit.

Les esprits faibles, les sceptiques, demandent :

« *A quoi bon?* »

Les physiciens, les savants spécialistes, simplistes, disent :

« *Nous pouvons nous passer de cette hypothèse.* »

Nous en passer, pour la physique, pour nos calculs astronomiques ? Peut-être.

Pour la physiologie ? Question...

Pour la psychologie et la sociologie, pour l'anthropologie entière ? Impossible de passer Dieu sous silence, puisque, *s'il est*, il serait le recteur du mouvement social, le soleil des esprits, le fécondateur des génies.

Ce n'est pas sans quelques bonnes raisons

que, parvenus au haut de l'échelle zoologique, les biologistes Darwin, Wallace et Stuart Mill saluent à l'horizon du ciel des Puissances supérieures à l'homme et un Gouvernement universel.

*S'il est,* ce foyer central, comment se désintéresser de lui, et comment ne pas lui adresser un hommage, un salut de respect et d'amitié ?

« Il est un Dieu ; devant lui je m'incline. »

C'est la poésie encore, fût-ce la plus légère, qui prend ici les devants sur la science moderne.

Les savants positivistes répondent : Libre à chacun de confesser et de saluer, mais à la condition de ne pas embarrasser le champ de la science positive d'une idée qui appartient à la sphère du transrationalisme, de l'incognoscible.

Chers Messieurs,

Votre réserve en présence des choses invisibles n'est pas à dédaigner. Et ici encore, je trouve cela de commun entre votre ciel scientifique et notre ciel théologique, que Littré, tout comme le Pape, tient en garde l'esprit humain contre l'orgueil et contre les aventures de l'imagination. Que de fois n'a-t-on pas reproché à l'Eglise le conseil qu'elle donne aux simples : « Croyez, sans vous inquiéter du défaut de preuves ; il y a des choses au-dessus de votre raison. » N'est ce pas le langage des pères et mères aux questions indiscrètes des enfants terribles ?

— Mais, réplique l'enfance grandissante, nous ne voulons plus croire sur parole ; nous voulons savoir, ce qui s'appelle su.

— *Alors, sachez ! Travaillez à apprendre.* Ce n'est pas aux rationalistes de reculer devant les recherches de la raison. Observez, raisonnez.

— Nous, positivistes de l'Ecole expérimentale, nous voulons voir, toucher.

A la bonne heure ! Venez, et voyez ce que d'autres ont expérimenté ; et puis, sur ce que l'humanité aura vu et touché, la science, édifiée, devra raisonner et conclure ; car voici l'affirmation de la logique :

Tout ce qui est accessible au sens doit devenir accessible à la raison et à l'amour, à la possession pleine et parfaite.

Tout sera donc connu. Question de temps et de progrès.

Et tout ce qui sera possédé par l'humanité grandissante a ses origines radicales obscures dans le passé, comme l'arbre, tronc, branchage, fleurs et fruits, remonte à son germe originel et à ses racines souterraines.

Conséquemment, si notre hypothèse d'une Providence surnaturelle à l'homme, angélique et divine, n'est pas une erreur vaine, elle doit avoir ses fondements dans l'histoire du genre humain.

## § II.

### L'INSTINCT DE LA FORCE IMMANENTE

« Les attractions sont proportionnelles aux destinées. »

Ce théorème de Charles Fourier implique la doctrine des positivistes sur la force immanente.

Et s'il y a au fond de notre espèce une force qui la pousse ou l'attire vers l'accomplissement de sa vie normale, cette force a dû, dès l'origine, se révéler et se manifester progressivement dans l'humanité en voie de formation, comme les puissances naturelles s'expriment dans l'homme individuel et se développent au fur et à mesure de sa croissance.

Vous avez tous, avec Littré, loué Auguste Comte d'avoir tenu un compte positif et rationnel des leçons de l'histoire, en se séparant et de ceux qui nient fanatiquement tout le passé, et de ceux qui sont asservis superstitieusement à toutes les légendes du temps jadis.

L'Eglise catholique est-elle l'ennemie des sciences anciennes ? est-elle l'esclave des anciens régimes, de leurs erreurs, de leur imperfection ?

Il suffit de lire le *Sermon sur la Montagne*, pour trouver, en quelques traits saisissants, l'opération de triage faite par le Christ dans l'ancienne Loi de Moïse, purgée de ses imperfections et perfectionnée.

Il suffit de lire les premières paroles adressées par saint Paul aux Gentils pour voir qu'il présente aux Athéniens la religion chrétienne comme le perfectionnement même de leurs anciennes et belles croyances, et qu'il propose aux Romains de greffer la sève nouvelle du Christ sur l'arbre de leur lumière naturelle (1).

(1) Actes XVII. Rom. XI.

Dix neuf cents ans plus tard, le plus fanatique des ultramontains, Joseph de Maistre, écrit : « On verra bientôt que le Paganisme lui-même n'est qu'un système de vérités déplacées, et qu'il suffira de remettre à leur place, pour les voir briller d'une vive lumière. » Et le plus savant historien de *l'art chrétien*, le très catholique M. Rio, enseigne que chacune des civilisations païennes a eu une fonction préparatoire dans le grand œuvre du gouvernement providentiel, et que, spécialement, la mission du culte de l'art a été dévolue à la Grèce.

Et ces deux éminents penseurs n'ont fait que théoriser conformément à la pratique constante de l'Eglise, qui, depuis les catacombes jusqu'au mont Athos et au *Cinque cento*, n'a cessé de reprendre, pour le bien de l'humanité, les dons de la nature et de Dieu dans tous les monuments anciens de l'art et de la science. Il suffit de nommer Saint Grégoire le Grand, saint Augustin et saint Thomas d'Aquin, pour constater que toute la philosophie mystique, rationnelle et expérimentale du catholicisme est sortie des sources lumineuses de la Judée et de l'Attique. Saint Thomas est tout entier greffé sur Aristote.

Personne n'a mieux rendu justice à cette politique catholique, apostolique, romaine, que l'auteur du très savant livre : *Le moyen âge et les barbares*. La méthode historique de Comte et Littré est donc en parfait accord avec la nôtre. Il reste simplement à analyser à fond les faits de l'histoire humaine, et à s'éclairer assez pour savoir quels produits anciens peuvent être soustraits et rejetés comme faux et mauvais, quels doivent être conservés comme vrais et bons, et multipliés, développés, perfectionnés pour la vie et le bonheur de l'humanité.

Or, voici l'un des résultats de la grande opération de triage faite par l'Ecole positiviste sur le vieux trésor des richesses judéo-chrétiennes.

De notre passé théologique et sociologique vous gardez le fruit, et vous rejetez l'arbre.

Pourquoi ?

Le fruit de la civilisation judéo-chrétienne est tout entier dans cette double parole : *l'amour de Dieu et du prochain.*

Vous gardez l'amour du prochain transfiguré en altruisme; et vous écartez l'amour de Dieu.

Pour juifs et chrétiens, la vie pleine et parfaite repose sur deux êtres, l'un son semblable, l'autre à la fois son semblable et son supérieur, l'un son frère et l'autre son père.

Vous scindez le précepte; vous rompez le triple nœud; vous retenez l'homme uni à la prochaine humanité, et vous retranchez le Dieu.

Pourquoi ?

Nous dissertons, ici, entre humanitaires et naturalistes, entre positivistes et phalanstériens, tous à cheval sur les faits d'expérience et sur les forces immanentes et les attractions d'où proviennent ces faits.

Comment donc pourrions-nous, les uns et les autres, ne point tenir compte de ce phénomène, qui peut choquer quelques-uns dans leur science nouvelle, mais dont nul ne peut nier l'universalité positive :

*La foi unanime du genre humain ?*

La foi, l'amour, le dévouement à l'égard d'un Dieu, tous sentiments religieux positivement traduits en fait, exprimés par le culte privé et public, manifestés par des autels et des temples, inscrits sur des tables de pierre et de bronze, élaborés dans les Livres sacrés ?

Comment effacer d'un mot et d'un trait de plume ce Dieu cru, chanté, adoré par l'unanimité des humains ; cette religion naturelle de plus en plus élaborée et précisée, cet acquiescement raisonnable donné par les plus hautes raisons à l'accord de la nature terrestre avec un Dieu céleste, du concert de la science humaine avec la sagesse divine ?

On objecte que, dans l'âge théologique, les croyants eux mêmes n'affirment qu'une foi opaque, un phénomène religieux obscur, une divinité indécise.

Où en serions-nous, s'il fallait nier l'existence des êtres dont les caractères ne nous sont pas précisément et absolument connus ? La méconnaissance elle-même témoigne de l'objet réel. Autre est la science, et autre la réalité. Le soleil s'affirme même à ceux qui n'y voient qu'un clou d'or ou un simple brasier ; et l'aube pâle précède l'explosion de l'orient embrasé.

Toute connaissance commence par l'ignorance. Toute clarté vient après l'obscur, l'incertain, l'indistinct. Ce que la *Genèse* raconte de la Nature est vrai de la science de la Nature. Dans le commencement, tout est vague et informe ; et puis la lumière vient dégager du sein des ténèbres les réalités évidentes, qui reçoivent dans leur vrai jour leur nom propre.

Et le théologien de l'Evangile ajoute : Le premier effet de la lumière elle-même brillant au milieu des ténèbres est de ne pas être reconnue et comprise par l'esprit nébuleux des hommes plongés dans l'ignorance (1).

En présence des choses réelles, l'entendement humain a sa nuit, son aube, son aurore et son soleil levant.

Avant même la perception de la sensibilité humaine, il y a dans l'homme l'*instinct*, qui est une perception quasi-animale.

N'est-ce point conforme à la doctrine de l'évolutionisme ?

Conséquemment, Dieu, (*s'il est*, c'est entendu), Dieu a dû être d'abord cru, perçu instinctivement, par l'homme animal, par le sauvage australien, par le patriarche africain, et naïvement salué de loin par toute l'humanité enfantine, en qui l'instinctuel domine, avec des perceptions sensitives vagues, vaporeuses, indéterminées. Des âmes simples, à Madagascar, m'expliquaient leur croyance à l'immortalité, à la survivance de leurs ancêtres, à la divinité, en disant : Dans le *sembou* de la

---

(1) Moïse, I, 1, Saint Jean, I. Saint Paul, Eph., IV, 18 ; I Cor., XIII, 12. Saint Grég., *Mor.* Saint Thomas, *Catena aurea*.

famille (bois sacré, cimetière), la nuit, *nous voyons passer nos parents, comme des oiseaux qui planent*; et, au fond de leurs âmes errantes, il y a *Zanhare* (le Dieu bon). » Ces visions donnent une impression de vénération craintive, ce qu'on nomme « une religieuse terreur. » Le malaise et l'effroi résultent du mélange avec l'apparition pieuse de quelque apparence sinistre (*Angatch*, l'esprit du mal).

On prétend attribuer ces visions théologiques à de pures illusions, à des spectres qui hantent l'imagination : c'est absolument comme si on supposait que l'enfant nouveau-né ne perçoit rien que le néant, dans les lueurs mêlées d'ombre qui passent devant ses yeux vaguement ouverts à la clarté du jour.

Il y a, au fond des fantômes de l'enfance humaine et humanitaire, des réalités positives, dont les formes se précisent peu à peu, jusqu'à la lumineuse certitude.

Et remarquez l'analogie entre ces phénomènes des religions primitives et les faits et gestes des visionnaires modernes. Nos *spiritistes* pieux et crédules, ce sont des civilisés, doués de l'instinct et du sens des choses célestes, *retombés en enfance religieuse*; ils en sont revenus à contempler et embrasser de pâles ombres, faute d'avoir conservé dans la mémoire, dans les habitudes, dans la pratique, le vivant souvenir des manifestations réelles des êtres supérieurs et divins.

Ce n'est pas l'objet réel qui manque au-dessus d'eux ; c'est le sujet qui fait défaut, c'est l'œil deshabitué de voir, où manque la clarté céleste.

Telle est l'évolution historique du sentiment religieux. Après les ténèbres, le *fiat lux*. Après les lueurs confuses sur des apparitions indécises et sur des formes imparfaites, « la lumière luit dans les ténèbres », et le principe universel de la vie spirituelle s'étant concentré dans notre humanité, comme la lumière physique se réfléchit dans le soleil, le divin nous est apparu, positivement incarné en Jésus-Christ ; et « ceux qui avaient des yeux pour voir », dont la vue était assez développée pour percevoir, sous des couleurs diverses, cette réalité candide et parfaite, ont attesté ce qu'ils avaient ressenti : Nous avons vu, en pleine clarté, le prince de la vie, l'homme divin, et nous avons contemplé en lui la lumière du monde, réfractée et rayonnante au front de tous les humains. « *Vidi, vidimus !* crient les deux Jean, les *voyants* de l'histoire évangélique. J'ai vu l'esprit du Très-Haut, comme sous la figure d'une Colombe, se reposer sur ce Jésus, et une voix mystérieuse m'a dit : Voici l'Agneau de Dieu... Nous avons vu que c'est bien, ici, la manifestation unique et suprême de l'Etre des êtres, la gloire du Père universel, éternel, infini. »

Désormais, les hommes, ouvrant les yeux de l'esprit, verront de plus grandes choses que celles de l'ancien régime et de la science terre à terre; ils verront le ciel ouvert et des êtres célestes montant et descendant pour servir d'auxiliaires au Fils de l'Homme, pour élever et faire progresser et perfectionner l'humanité, qui va naître au plein jour de la vie; à la sensibilité supérieure, à la raison religieuse, à l'amour divin (I).

La destinée de l'homme s'accomplit dans l'amour infini, dans la connaissance absolue, sensitive et rationnelle, selon cette affirmation de l'Apôtre de la Science : « Nous connaîtrons celui que nous adorons comme nous sommes connus de lui; nous le verrons face à face, *facie ad faciem* (2). »

Nous n'en sommes point là, assurément. Et

(1) Saint Jean I, 1, 5, 9, 14, 17, 18, 29, 32, 33, 39, 51.
(2) Saint Paul, I Cor., XIII.

bien loin de là, nous entendons la critique scientifique remettre en question tout ce qui avait été universellement admis par l'instinct, par le témoignage positif, par la raison générale et par l'amour unanime du genre humain.

Les lueurs des temps primitifs ne sont plus admises dans le prisme de la science : il lui faut le soleil et son rayon direct. L'hymne de la poésie n'est plus écouté :

« Chansons que tout cela, complaintes légendaires ! les poètes, de grands enfants ! »

Je ne le nie pas, et je les en loue. Toutefois, l'élan des lyriques a souvent besoin d'être redressé et dirigé. C'est affaire aux savants.

Avouons l'inconséquence des poètes, en qui l'inspiration ailée défaille et retombe, *desinit in piscem*.

Notre commun vieil ami Béranger, qui admet le Dieu vivant et lui tire son chapeau, ne semble pas concevoir que les enfants aient à pousser plus loin leur familiarité avec le père de la famille universelle.

« Il est un Dieu ; devant lui je m'incline,
Pauvre et content, sans lui demander rien. »

De deux choses, l'une :
Ou Dieu n'est point ;
Ou bien, si Dieu est, il est le Principe et la

Règle et la Mesure et la Fin de toute activité; il est Providence : et dès lors, nous n'avons pas à rester sur notre terre bouche béante ou lèvres closes, devant un Père qui demeure les bras croisés et l'oreille bouchée dans son ciel inaccessible.

Lamartine est allé plus loin que cette indifférence en matière de piété. Il a chanté, sous quelque souffle passant de lord Byron, cette impiété majestueuse :

> Lorsque du Créateur la parole féconde
> Dans une heure fatale eut enfanté le monde
>     Des germes du chaos,
> De son œuvre imparfaite il détourna sa face,
> Et, d'un pied dédaigneux la poussant dans l'espace,
>     Rentra dans son repos.

Et le poète, après avoir poussé ce qu'il appelle lui-même « le rugissement de son âme » sur une pareille *Genèse*, conclut par l'*Apocalypse* que voici :

> « Et j'attends que la mort, ouvrant son aile immense,
> Engloutisse à jamais dans l'éternel silence
>     L'éternelle douleur. »

Leconte de Lisle a reproduit, en termes plus sincères, plus profonds, plus lamentables, le même hymne au désespoir.

Le poète des *Méditations*, moins désolé que

le rhapsode des *Chants antiques*, est plus inconséquent. Piteuse théologie ! La parole éternelle, féconde pour créer, serait demeurée inféconde pour conserver et perfectionner sa créature ? Blasphème ! Mais c'est le cas de rappeler ce paradoxe douloureux et touchant d'Alfred de Musset : « Qui sait, mon Dieu, si le blasphème n'est pas une prière ? » Le cri de désespoir de Lamartine ne fut donc qu'une défaillance momentanée. Ailleurs, le poète des *Harmonies religieuses* a protesté contre l'insouciance de Béranger.

> Verbe incréé, source féconde
> De justice et de liberté,
> Parole qui guérit le monde,
> Rayon vivant de vérité,
> Est-il vrai qu'une voix plus haute et souveraine,
> La voix de la parole humaine,
> Etouffe à jamais tes accents ?...
> Non, j'espère, Seigneur, en ta magnificence ;
> Entends du haut du ciel le cri de nos besoins !

Voilà de leurs contradictions ! Victor Hugo lui-même laisse parfois courir sur ses splendeurs

> « L'ombre,
> Sombre ! »

Les enfants sublimes de la Muse ont ainsi des coups d'ailes contraires, selon les coups de vents incertains. Si donc je les mêle à nos controverses, c'est pour que les savants, s'inspirant au nombre mélodieux de la poésie, y surajoutent la mesure et le poids de la Science positive.

Je vous le demande, Maître, que vaut-il mieux, pour l'évolution progressive, la transformation et le bonheur de l'Humanité :

Entonner au réveil le *Désespoir* du chantre d'Elvire, au dessert le *Dieu des bonnes gens* du poète national ;

Ou bien psalmodier, matin et soir, le *Pater noster* de Jésus, le grand et bon pasteur de toutes gens, bonnes et mauvaises, de tous les hommes, le Libérateur de tous les peuples, la Lumière du monde entier, qui nous répète incessamment : « Demandez, et il vous sera donné ? »

Béranger lui-même, certainement, n'a pas cru son meilleur poème plus efficace que l'*Oraison dominicale*.

Quelle bonne raison a-t-il eue pour contredire à l'enseignement évangélique ?

Cette prière est une demande quotidienne, et elle demande tout :

La nourriture supersubstantielle du corps et de l'âme, et la délivrance du mal.

Béranger admet un Dieu créateur, conséquemment une Cause première, un premier Principe, un Père universel. Voilà bien le *Pater noster*.

Interrogeons un petit enfant pour savoir s'il n'est pas naturel de demander du bonbon à son bon papa, et interrogeons un père pour savoir s'il se trouve heureux de donner : l'Ami des enfants, le bon Conseil des parents nous répond : « Demandez, et il vous sera donné ; et puis cherchez vous-même, et vous trouverez ; et enfin frappez à la porte, faites violence au ciel, et le royaume de Dieu vous sera ouvert. Est-il un homme parmi vous qui donne une pierre et un serpent à son fils demandant du pain et du poisson ? Si donc vous, alors que vous n'êtes pas encore très bons, quand même vous êtes méchants, vous donnez à vos enfants des choses bonnes, à combien plus forte raison Dieu votre Père donnera-t-il tous les biens aux hommes qui l'implorent, pourvu qu'ils demandent et cherchent la justice et le paradis bienheureux (1). » C'est parole d'Evangile, et le bon sens enfantin donne raison à Jésus contre Béranger.

(1) S. Matth., v, 45 ; vi, 33 ; vii, 7-12. S. Jean, 1, 4 ; x, 11 ; xv, 13. S. Paul, Rom., xi, 26 ; Hébr., xiii, 20.

— Mais, objecte l'heureuse médiocrité du bon bourgeois, la sagesse de Zénon, d'accord avec l'intérêt bien entendu d'Épicure, ne recommande-t-elle pas la modération dans les désirs? Si j'ai la haute raison de me contenter de peu,

« Pauvre et content, gaîment je me confie
    Au Dieu des bonnes gens. »

L'Évangile répond : *Misereor super turbam*; et le pauvre peuple, mal content, donne tort à la légèreté du poète. Modérez votre égoïsme, mais exaltez votre altruisme, selon la philosophie de Littré, conformément à la théologie de Jésus. Désirez beaucoup pour le prochain, surtout dans le siècle du Paupérisme; et, pour combattre Mammon, par amour de l'Humanité, demandez le plus possible à l'auteur de tout bien.

— Mais, reprend la prudence des savants, où le prendre, ce foyer de la félicité?

— Jésus nous l'a indiqué : « Notre Père, qui êtes dans les cieux. »

— Quels cieux?

— Le soleil, les étoiles, le monde des esprits supérieurs, « *de supernis*. »

— C'est nous mettre en présence d'un vague Déisme; et voilà pourquoi Béranger, affamé d'idéal, n'aurait su à qui adresser positivement sa demande et son offrande.

Le poète, toujours un peu prophète, a pourtant fini, lui-même, par nommer un Dieu positif des bonnes gens :

« Sur la croix, que son sang inonde,
Un fou qui meurt nous lègue un Dieu. »

Depuis dix-huit cents ans, Jésus sollicite cette confession du génie, cet hommage de la bonne Nature, car il a dit :

« Tout ce que vous demanderez à mon Père *en mon nom, je le ferai,* pour que l'Eternel Tout Puissant soit glorifié dans son fils.

« *Si vous me demandez quelque bien en mon nom,* je le ferai :

« Car je suis la Vie, la Vérité et la Voie, et nul ne vient à mon Père que par moi.

« Et rappelez-vous aussi que, si ma mère me demande pour vous un bien, sa pétition fût-elle inopportune, même avant l'heure de l'évolution normale j'opérerai la transformation de la Nature, et vous verrez l'aurore de l'éternelle Consolation (1). »

Voilà le représentant du Dieu Père universel, universellement bienfaisant, Jésus, qui a

---

(1) S. Jean, xiv, 6-16 ; ii, 1-11.

été vu passant sur la terre pour faire le bien d'une manière incomparable, avec une bonté vraiment adorable.

— Mais qui nous prouve que ce Jésus vit encore, et qu'il nous veut toujours du bien, et que du haut des cieux, il assiste et concourt au progrès de l'Humanité ?

— Le sens populaire, la foi des bonnes femmes, l'inclination naïve des enfants vers la croyance à un bon Dieu.

S'il est un Dieu, Créateur ou souverain Architecte, comment concevoir qu'il ne soit pas Conservateur et Directeur de son œuvre; Amour, Intelligence, Activité efficace; en un mot, Providence?

Et si la personne de Jésus-Christ vous paraît insuffisante, inférieure à un tel rôle providentiel, cherchez un autre Médiateur, pour voir si vous trouverez mieux ; car l'Attraction, révélatrice de la destinée,

« Révèle à tous des cieux intelligents », et, de plus, inspire au genre humain tout entier le besoin de trouver une forme à l'Infini, une forme déterminée, un être positif, incarné, accessible aux sens aussi bien qu'à la pensée et à l'affection; *une personne divine*, en qui nous puissions sentir le Dieu vivant, pour le mieux connaître et le mieux aimer.

C'est là une faim et une soif de la Science positive universelle, affamée de réalité, et qui ne saurait trouver où se désaltérer à la source vaporeuse d'un idéalisme fantastique.

Puisque Littré, Maître libéral, autorise Stuart Mill et ses disciples à « *se figurer dans l'incognoscible un Dieu qui gouverne le monde* », vous devez leur permettre de chercher les moyens d'action et les voies providentielles de ce Gouverneur cosmique (1).

Et si ce chef providentiel a pour les hommes un cœur de Père, de Mère, de Frère aîné, ne semble-t-il pas naturel que nos cœurs s'élancent vers le sien et que de nos lèvres monte la prière de l'enfant terrestre, qui demande à être délivré du mal, débarrassé des liens de l'épreuve, et enfin pourvu de tous les biens de la vie surabondante, au plein air de la liberté ?

— Mais, s'écrient quelques-uns de vos disciples, aussi timides d'esprit qu'attardés de cœur, surtout dans notre France, terre du doute absolu en même temps que de la foi la plus ardente, — mais tout ce discours implique, avec le Dieu personnel, l'immortalité de l'âme

(1) *La Philosophie positive.* Janvier 1880, p. 49.

«A quoi bon créer des problèmes nouveaux, qu'on ne résoudra point? » La prière suppose la présence réelle quelque part, au ciel ou ailleurs, d'êtres surnaturels ; et les dons, gratuits ou non, de l'Esprit divin et la Grâce perfectionnant la Nature, tout cela nous jette en plein dans le miracle. Or, l'École positiviste ne veut point du miracle, ne consent pas à en entendre parler.

— Parlons-en, chers savants, je vous en supplie.

Et daignent vos disciples venir et voir et juger eux-mêmes : c'est le Livre de la Nature que je vais ouvrir devant l'autorité de votre cœur droit et de votre science profonde.

Je conçois que l'École rationaliste, absorbée dans la contemplation de son unique et étroite raison, réponde aux croyants : « Je ne pense point là-dessus comme vous ; donc cela n'est pas. Allez vous promener avec vos miracles ! »

— Allez au diable ! répondent quelques mystiques, n'ayant point la patience de raisonner contre la déraison. Mais chacun s'en allant de son côté, ce n'est pas le moyen d'arriver à l'accord.

Quant à l'École positiviste, nous serions

fort mal venu à la traiter d'extravagante, car ce qui lui est propre, ce n'est pas le vague et la divagation ; au contraire : elle nous contraint à serrer de près les questions et nous fixe les yeux impitoyablement sur la difficulté réelle. D'ailleurs, elle n'est point hautaine comme l'Ecole rationaliste ; elle se met à la portée de tous les esprits sincères et sérieux ; elle prête l'oreille, elle ouvre les yeux, elle demande à toucher ; et elle se garde bien d'écarter l'expérience sensible et le témoignage historique, pour s'enfler en soi-même et raisonner sur le vide. Le vrai savant examine à fond et patiemment les faits, et, sur ces faits observés, base son raisonnement. Le vrai savant est cordial et toujours incliné affectueusement vers le prochain, et lorsque des âmes loyales lui disent :

    « J'ai vu,
    J'admets,
    Je conçois,
    Je comprends,
    J'admire,
    J'aime,
    J'adore ! »

Le mettre vraiment libre-penseur se croit obligé envers la Science, son épouse féconde, de lui demander scrupuleusement ses clartés sur ces phénomènes étranges, et condescend à écouter avec bienveillance, avec patience, les frères qui lui exposent la raison de leur foi.

Tels vous êtes, mes honorables frères. Mais vous avez beaucoup de disciples qui se disent savants positivistes et ne sont encore que demi-savants rationalistes, esprits très forts dans leur spécialité, mais faibles encore sur la contemplation universelle et sur l'analyse intégrale.

Aucun d'eux, après la grande lumière jetée sur l'éducation et le progrès du genre humain par Auguste Comte et Littré, aucun ne s'aventure à rejeter absolument le témoignage du passé. La tradition historique est l'un des éléments de la méthode expérimentale, un des moyens de la certitude positive. Nous devons donc tous ensemble arrêter nos yeux sur le témoignage réel de l'histoire, fût-ce contre le gré de notre raison prévenue.

Positivistes et chrétiens, nous avons cette doctrine commune, qu'il y a, dans l'infiniment grand et dans l'infiniment petit, des points inattingibles à la raison humaine. Jamais la théologie n'a enseigné le contraire. J'ai constaté, plus haut, qu'il est écrit de Moïse qu'il n'a vu de Dieu que l'ombre, et Jésus-Christ dit expressément : « Personne n'a jamais vu le Père. » Mais l'Eglise n'a jamais enseigné que le miracle fût incognoscible et transrationnel, puisqu'elle nous le donne comme un phénomène observable, un fait positif; et conséquemment, la-dessus, les théologiens nous redisent le conseil de leur maître : « Cherchez et vous trouverez. »

L'Eglise a des leçons diverses, appropriées à la série des temps, à la progression des âges.

D'abord, elle dit à ses petits enfants : Patience dans l'âge puéril, devant certaines énigmes; contentez-vous d'abord du lait de la science.

Ensuite, elle dit à la jeunesse chrétienne : Courage ! Croissons, croissez dans la science, prudemment, mais avec l'espérance certaine de la victoire sur les ténèbres.

Enfin, elle dit à la chrétienté virile : En avant ! au large ! en haut ! Faites le tour des choses; cherchez partout Dieu même, qui est dans tout; trouvez, et faites luire la lumière sans ombre sur l'humanité délivrée du doute.

Vous hésitez, disciples de Littré, à admettre le miracle dans le domaine scientifique; le Christ vous crie : Courage, mes frères ! *go a head !*

Vous ne pouvez pas, chefs de l'Ecole scientifique, faire moins que Céphas dans son école théologique. L'Eglise romaine examine les phénomènes célestes : vous, confiez-en l'étude au libre examen de vos disciples.

Saint Paul vous dit : « Ne méprisez pas les prophéties. Eprouvez toutes choses, et retenez-en ce qui est bon, ce qui paraîtra à votre libre pensée digne d'un acquiescement raisonnable. »

Et nous vous disons de la part de saint Jean : « Le temps vient où l'esprit de vérité, opérant dans l'humanité nubile, ne nous entretiendra plus en paraboles, mais où il nous enseignera toute la vérité positive, que nous n'aurions pas pu porter plus tôt, et il nous parlera ouvertement du Père, de la Toute-Puissance génératrice agissant au sein de la nature universelle (1). »

Vous voulez tout connaître en vérité, en réalité; nous aussi, pour mieux adorer en esprit et en vérité.

Il s'agit, dans cette question du miracle, de savoir s'il y a des rapports réels entre notre planète et son soleil, entre notre huma-

---

(1) Saint Jean. XVI, 13, 25.

nité et son foyer spirituel, s'il y a quelque Christophe Colomb pour découvrir au profit et à la joie de l'ancien monde terrestre, un nouveau monde égal ou supérieur; s'il y a, comme dit le Prophète hébreu, quelque colombe spirituelle apportant l'homme nouveau du ciel à la terre : *quasi columbam de cœlo*.

Et si ces relations sont possibles, sont réelles, il importe au plus haut point d'en avoir conscience, d'en acquérir la certitude : car, s'il y a un Dieu, des demi-dieux, des anges, des génies inspirateurs et porteurs de la bonne nouvelle venant d'un autre monde et d'en haut, c'est bien le moins que nous répondions à leur *Ave* par un *Salve*, et que nous demandions au ciel spirituel ses effluves et à Dieu ses bienfaits, comme nous espérons de l'atmosphère ses rosées et du soleil le beau temps.

## § 3.

### TÉMOIGNAGE DES SENS ET DE LA RAISON

Mes chers Messieurs,

Nous avons constaté que notre hypothèse a pour elle :

La foi presque unanime du genre humain,
Un instinct universel,
Un témoignage considérable,
Une adhésion constante des intelligences les plus élevées, des raisons les plus exercées;
Et tout ce concours des âmes humaines affirme non seulement l'existence d'un Dieu, mais son assistance providentielle soit par une série d'envoyés révélateurs et législateurs, soit par le fait suréminent d'une incarnation du Verbe même de Dieu dans la personne de Jésus-Christ.

Toutes ces présomptions, tirées des attractions naturelles, du sens commun, de l'opinion du plus grand nombre et du consentement des esprits d'élite, ne suffisent plus à la Science, de plus en plus exigeante : elle veut mettre la main sur la vérité, le doigt dans la réalité.

Parce que nous avons le bonheur de croire avant que la science expérimentale ait dit son dernier mot, ce n'est pas une raison d'envoyer au diable ceux qui demandent la preuve de la vérité. Paix aux hommes de bonne volonté ! et pour qu'ils aient la paix de l'esprit, essayons de les reposer sur le témoignage des sens.

Tous les arguments de votre École ont été résumés par M. le D' Alfred Naquet, qui est beaucoup plus que député libéral jusqu'au divorce, étant chimiste fort distingué, professeur agrégé à la Faculté de Médecine de Paris.

Il a dit :

« La valeur du témoignage historique est incontestable.

« Mais pour qu'un témoin soit cru, il faut :

« 1° Qu'il soit éclairé ;

« 2° Qu'il soit de bonne foi ;

« 3° Que ce qu'il raconte soit possible. »

Examinons :

Un jeune noir malgache, qu'un marin emmène de Madagascar en France, vers 1840, après avoir jeté sur le monde civilisé le coup d'œil d'un mousse, un instant débarqué pour faire bazar, rentre dans son île sauvage, et dit :

« J'ai vu des hommes voyager en l'air dans une pirogue ou nacelle suspendue à un ballon. J'ai vu une voiture, longue comme une rue de Tamatave, marcher sur des routes en fer, sans attelage d'hommes, de bœufs ni d'aucune bête, traînée par du feu. »

« J'ai vu, vient dire un autre mousse rentrant dans l'île africaine en 1860, en 1880, j'ai entendu la parole humaine traverser les terres et les mers, plus rapidement que le vol des pigeons bleus et des frégates ; et j'ai vu les hommes se parler à distance avec de la lumière, et des portraits frappants de ressemblance dessinés par le soleil. »

Les lettrés Hovas auront-ils raison, s'ils disent à ce témoin des miracles de la science :

— C'est impossible! Tu n'es pas de bonne foi. Tu en as menti!

— Quel intérêt ai-je à vous mentir?

— Si tu ne veux pas nous attraper, c'est que tu as été trompé toi-même.

— Mais tous les blancs sont donc attrapés avec le petit noir?

« Nous l'avons tretous vu, de nos propres yeux vu,
Ce qui s'appelle vu ! »

— Comme dit un savant professeur : « Tu as mal vu, n'étant pas éclairé. » Tu n'es pas assez instruit pour bien voir. Voir, c'est savoir. Que sais-tu? rien. Donc, nous ne croyons rien à tes contes en l'air.

— Mais vous vous exposez ainsi à rejeter des vérités.

« Tant pis! » comme dit un célèbre libre penseur (1).

— Prouve-nous que ce que tu dis là est possible?

(1) M. Naquet, *Religion. De la certitude*, p. 124, 132.

— Mais, répond l'enfant, apôtre méconnu de la méthode expérimentale, je n'ai rien à vous prouver, moi, n'étant pas une raison éclairée, exercée. Je suis le sens humain, le sens commun, le bon sens, qui, ayant reçu la sensation et perçu le fait, vous dit tout bonnement : « Ce que nous avons entendu, ce que nous avons vu de nos yeux, ce que nous avons observé et palpé de nos mains, nous vous l'annonçons, nous l'attestons, pour qu'avec nous vous entriez dans la société des enfants de la lumière (1). »

— Prouve et démontre ; sinon, tu n'as point la parole.

Tu vas donc nous faire le plaisir de te taire ; de ne plus propager tes illusions, tes bêtises ; de ne pas évangéliser de pareils miracles, qui bouleversent toutes nos idées, qui contrarient les enseignements de nos devins sur les forces de la nature, et font échec à Zanhare, le Dieu des Malgaches. Si tu t'entêtes à empoisonner la Grande Terre de tes menteries, nous te ferons boire le tanghen (2) !

— Quand vous devriez me tuer, je suis forcé, malgré moi, de dire la vérité. Quand je serai

(1) Témoignage de saint Jean. 1ʳᵉ Ep., II.
(2) *Tanguinia venenifera*, poison mortel : jugement de Dieu à Madagascar.

mort pour avoir dit ce que j'ai vu, vous serez bien obligés, vous-mêmes, d'y croire, à la vérité.

— Jamais, car ce que tu nous rapportes est impossible, jamais ! « La révélation ancienne ne supporte pas la critique ; il en est de même de la révélation moderne. Voyez, savants Malgaches, voyez le *Spiritisme !* Même impossibilité, même absurdité (1) ! »

Et là-dessus, M. Naquet ajoute, pour confirmer au nom de la Science son Jugement dernier contre la Théologie :

« Les hommes qui ont vu les faits dont il s'agit sont tous ou des imposteurs intéressés ou des personnes de bonne foi sans doute, mais *sans culture et incapables d'observer sérieusement un fait. Pas un savant, pas un homme connu par la rigueur de ses méthodes,* n'a vu les faits dont il s'agit ; il y a même plus ; les *esprits* ont peur des hommes de science ; la présence d'un savant dans une société spirite suffit pour les empêcher de se manifester. »

Ceci était écrit en 1868, et a été réédité en 1877.

Or, en 1879, le plus grand chimiste de

---

(1) *La Religion,* p. 127.

l'Angleterre, un maître hors pair dans les sciences positives, un savant fameux par la rigueur et la profondeur de ses méthodes, un physicien, observateur sagace, puissant et fécond à ce point qu'il a fait faire à la science du Cosmos un pas immense, M. Crookes, à l'heure même où il venait dire aux Français : « J'ai découvert, j'ai vu un quatrième état de la matière, la matière radiante (l'aromal). Regardez et voyez ! » l'ultrapositiviste Crookes a publié un petit volume, pour dire à tous les infrapositivistes : « J'ai vu un esprit de l'autre monde ; ma présence n'a pas empêché ses manifestations ; et ledit être surnaturel a eu si peu peur de ma personne scientifique, qu'il m'a donné le *shake hand* et m'a permis de l'embrasser. Regardez, et tâchez de voir ! »

Le cas du savant Crookes appartient, en apparence, à cet état d'aperception vague et confuse, que nous avons appelé *rechute en enfance religieuse*.

Quoi qu'il en soit, de deux chose l'une :

Ou bien, voici que commence la confusion de la demi-science par la Science pleine et parfaite, fût-elle enfantine ;

Ou bien, M. Crookes est devenu fou, archifou : c'est un fait à constater ; mais dont la démonstration n'est pas toujours facile dans l'état de la science médicale, car presque tous les saints et les génies ont été crus fous par les sages de ce bas monde.

Et voilà pourquoi le poète Béranger et le socialiste Fourier ont sifflé les demi-savants et chanté les grands fous. Et voilà pourquoi le prince de la Science catholique, de la connaissance intégrale, Jésus-Christ, a dit : « Celui qui traitera son frère de fou, sera condamné à la géhenne du feu », c'est-à-dire sera replongé dans la fournaise de lumière éternelle et de l'amour infini, pour y purger sa honte, effacer sa confusion, et subir l'évolution nécessaire, afin de se voir transformé de savant opaque en savant lumineux (1).

M. Naquet est pourtant un vrai savant en chimie; mais qu'il est léger en physique ! S'il se bornait à nier la cause du miracle, *la présence réelle d'un esprit,* cause admise volontiers par Crookes, il aurait peut-être deux fois raison. D'abord, il se peut que le physicien anglais n'ait vu qu'un être de raison, un produit de son imagination hallucinée; et puis, s'il s'agit d'un esprit, M. Naquet pourrait

---

(1) S. Matthieu, v, 22. *La chanson des fous.*

s'autoriser de Jésus-Christ pour objecter : « Un esprit n'a point de chair. » Or, Crookes prétend avoir serré sur sa poitrine, très respectueusement « une chair ferme et vivante » : ce n'était donc pas un pur esprit. Je suppose que M. Naquet est en train de chercher et de trouver la cause des phénomènes de dynamique expérimentés avec tant de soin par le savant mécanicien britannique. S'il se borne, comme dessus, à nier les faits, il cesse d'agir en positiviste.

Le très savant physiologiste Brown-Séquard ne nie pas, lui. Il croit si bien aux expériences du physicien Crookes, qu'il a créé un mot pour exprimer la chose réelle, par lui-même observée, dès longtemps, en conscience. Il a vu, en 1850, une jeune fille demeurer en prière, droit debout, le corps tout entier portant sur la pointe des pieds et sur le rebord aigu d'un lit, durant douze longues heures immobile.

Les parents criaient : Miracle !

Le commissaire de police : Supercherie !

Le savant a répondu : *Dynamogénie !*

Voilà donc un fait étrange, surprenant, incroyable aux gens d'esprit et aux magistrats les plus graves, merveilleux, prodigieux, et pour les âmes simples miraculeux. Vient un vrai savant positiviste qui affirme et démontre que c'est un *état de nature*, l'homme ayant puissance de produire de la force dans une mesure énorme, pourvu que l'action de cette puissance soit déterminée par certaines conditions de l'organisme et du milieu.

C'est entendu.

Ces conditions demandées sont donc les causes déterminantes du phénomène, causes appréciables pour l'observateur.

Quelles sont ces causes conditionnelles du fait anormal ?

Une maladie ? Peut-être. Brown-Séquard, appelé pour examiner le cas précité, ne nous a point dit qu'il ait traité, ni reconnu aucune maladie (1).

Quelques-uns attribuent les cas analogues au magnétisme animal ; à un fluide particulier.

D'autres répliquent : Rien de fluide, ni d'animal ; mais l'action d'une volonté énergique.

Dans le cas ci-dessus, l'apparence donne à supposer une cause invisible : la prière, la contemplation, l'extase religieuse, la foi.

---

(1) Conférence sur le magnétisme et l'hypnoutisme, faite à Nice, à la société des Beaux-Arts, le 23 février 1881.

Claude Bernard ne voulait pas qu'on remontât à aucune cause invisible. Pour le physiologiste, bon ; mais le psychologue ? La philosophie humaine ne peut point ne pas chercher la raison des choses jusque dans le domaine des imaginations et des affections morales, qui sont des puissances invisibles.

Les parents de la jeune extatique nous disent : « C'est sa foi, son idée religieuse, son amour pour le Christ qui la jettent dans cet état extraordinaire. »

Contre une telle affirmation, la science positive n'a encore rien trouvé à dire de bien positif.

Les attitudes de la prière, les phénomènes de l'extase sont des choses réelles qui tombent sous les sens ; mais la foi et l'amour, choses également très réelles, mais agissant et parlant au dedans de nous, ne peuvent être ni vues, ni entendues *in se*.

Le cas des stigmatisées est analogue. Ce n'est plus ici un simple fait de dynamogénie. Il y a autre chose qu'une production de force ; il y a une perturbation profonde dans les mouvements et dans les opérations des organes. Le sang, sous l'obsession d'une idée fixe, afflue aux pieds et aux mains, au cœur et au front, jusqu'à reproduire les blessures du

Crucifié. Cette idée fixe, quelle est-elle ? la foi, la piété, l'amour ardent, exalté. C'est encore une action du moral sur le physique. C'est la nature spirituelle imprimant sa pensée, son désir, sa volonté sur la nature corporelle. C'est l'invisible amour faisant saigner le cœur sensible.

Jusqu'ici on peut dire que nous n'en sommes pas au miracle descendant *de cœlo a Deo*. Le phénomène ne dépasse pas la force immanente dans l'humaine nature, s'il est vrai que le signe extérieur vienne de l'ardente affection intérieure. Nous verrons, plus loin, des phénomènes semblables exiger plus que l'action d'un homme sur lui-même.

Quoi qu'il en soit des causes supposées, proposées, nous voici sur le terrain de la science réelle. Nous n'avons plus affaire à des préjugés de la raison niant les faits ; nous n'avons plus contre nous des commissaires ou lieutenants de police, concluant à envoyer les sujets étranges et les patients prodigieux en police correctionnelle et en prison, et mieux tout droit au bûcher, à propos d'escroquerie et de sorcellerie.

Littré, le savant maître des positivistes, a singulièrement contribué à nous introduire dans cette terre sainte de la réalité naturelle. Il ne s'est pas aventuré, comme tant d'autres de ses disciples impatients, à nier les découvertes renouvelées de Mesmer par M. le docteur Charcot, et il était trop charitable fils de la lumière pour accuser Crookes de folie.

Ce que vous demandez, docteurs de la méthode expérimentale, ce n'est pas qu'on vous *démontre* la possibilité des phénomènes nouveaux : c'est aux rationalistes, aux raisonneurs qu'appartient la démonstration. Vous exigez simplement que, avant tout, les faits vous soient *montrés*, fût-ce par des âmes simples, au nom de leur bon sens, de manière à ce que vous puissiez en saisir la réalité positive. Le fait réel étant suffisamment attesté, alors vient le philosophe pour en chercher les raisons morales, les causes spirituelles.

Assurément, il est indispensable que le témoin d'un phénomène soit éclairé. Mais de quelle lumière ! Un aveugle qui dit : « J'ai vu », ne doit pas être cru sur parole ; pas plus qu'un sourd qui dit : « J'ai entendu. » Mais c'est une prétention déraisonnable du rationalisme à outrance d'exiger des lumières d'un lettré et d'un métaphysicien, dans un témoin qui se borne à dire : « J'ai vu, entendu, odoré, goûté, palpé. » Pour le témoignage des faits sensibles, l'éclairage des sens suffit; le positiviste logique ne doit pas le dédaigner : ce serait répudier la méthode expérimentale.

Passons à la troisième condition exigée par M. Naquet.

Votre condisciple s'arrête court devant un fait attesté par des gens de bonne foi, et tourne le dos à cette réalité, en disant : « Il faudrait que cela fût possible. » Il sait bien, lui, pertinemment, par l'histoire des sciences, que l'incompris n'est pas toujours incompréhensible, et que l'inexpliqué peut devenir explicable; et que de très grands savants ont crié à Copernic et à Galilée : « Impossible ! »

M. Paul Bert, du plus haut de la tribune politique et du fond de son laboratoire, a déclaré qu'il voulait chasser de l'école et conséquemment de la société « les sorcelleries, les superstitions et le caprice. »

Il n'est pas un poète, un artiste qui n'envoie promener le scientifisme, si les demi-savants s'aventurent à supprimer le caprice, la fantaisie, la faveur. Quant aux superstitions et aux sorcelleries, nous sommes tous d'accord pour en chasser les vapeurs sinistres.

Mais il faudrait, d'abord, que nos matérialistes eussent démontré qu'il n'y a rien que sorcellerie, superstition ou caprice, dans tous les faits sérieusement attestés et nommés miraculeux. C'est ce qu'ils n'ont point essayé de faire, se bornant à cette affirmation : « Dans l'état présent de la science, tel phénomène est, à nos yeux éclairés, une illusion ; c'est impossible ! »

— Mais si l'impossibilité ainsi supposée faisait rejeter la Vérité en personne ?

— Ah ! tant pis pour la Vérité !...

— Que de vérités ont été mises sous le boisseau par des savants prudents, qui ont illustré tant d'erreurs !

Cependant, l'expérimentaliste le plus consciencieux sur le témoignage du sens doit conserver à la Raison ses droits ; et lorsque l'attestation la plus sincère d'un certain fait se trouve contrarier absolument les lois générales, le savant raisonnable, le rationaliste sérieux, le vrai philosophe peut invoquer contre notre petit point de fait le témoignage de l'univers entier, et nous demander comment notre exception rentre dans la règle générale.

Rien de plus juste.

Pour vous, esprits impartiaux, mais scrupuleux, autre est l'acquiescement à la théologie catholique et autre l'acceptation de la morale chrétienne. L'Evangile, vous le tenez dans votre main : c'est une réalité ; et la fécondité de cette essence est un fait d'expérience historique. Quant aux miracles de l'Incarnation et de la Résurrection, c'est autre chose. Des hommes de bonne foi, dans l'ancienne Jérusalem, ont pu se faire illusion comme les pèlerins de Delphes, et attribuer à une puissance surnaturelle les leçons vertueuses de Jésus, comme les Béotiens et les Athéniens les plus considérables attribuaient la politique imparfaite de Socrate à son Démon.

— La morale du Christ, disent vos disciples, nous la tenons pour bonne et nous la retenons, sauf à trouver et faire des miracles de charité sociale plus grands que les siens. Quant au miracle surnaturel, nous n'en pouvons connaître ; et la Science positive forcera la Théologie à laisser ces choses transrationalistes dans l'ombre de l'incognoscible.

— La science positive fera, en effet, violence au ciel théologique : non pas pour obtenir de l'Eglise qu'elle jette au feu ce qu'elle a adoré ; mais pour la contraindre à donner des raisons plus claires de son culte.

Vous connaissez le martyre de saint Jean

à la Porte-Latine et le symbole qui s'en dégage. Le théologien de l'*Apocalypse* est plongé dans une chaudière d'huile bouillante, d'où il sort et plus pur et plus vivant, *purior et vegetior*. Cette chaudière, c'est l'immense ébullition des sciences naturelles dans notre siècle des lumières ; et par ce bain d'huile ardente la Théologie devra passer, laborieusement éprouvée, pour apparaître plus savante et plus illuminante.

La terre sainte catholique et le ciel chrétien sont assaillis, blessés, engloutis par les mèches enflammées de Voltaire, les jets de flamme de Jean-Jacques Rousseau et les torrents de lave de la Révolution, pour que de cette fournaise sorte la terre renouvelée, sous des cieux nouveaux (1). C'est l'espérance du Pape et de ses fidèles, au beau milieu du Déluge de feu.

Littré, lui-même, n'était pas sur un lit de roses, saint homme Job de la Science ; et, coupable d'avoir demandé la liberté pour tous, même pour nos Religieux, il s'est senti déjà menacé par les Jacobins d'être jeté aux Gémonies et de passer par le feu de leur Géhenne.

---

(1) II<sup>e</sup> Ep., saint Pierre, III, 12, 13.

Patientons ensemble. Cherchons ensemble. Ensemble, nous trouverons.

## § 4.

## TÉMOIGNAGE DU COSMOS

### LA NATURE ET L'ÉCHELLE DES NATURES

Le miracle est contre nature.

Le miracle est au-dessus de la nature. Telles sont les deux affirmations contraires que tout le monde se jette à la tête d'un camp à l'autre, sans trop s'attacher à une préalable définition des mots.

Qu'est-ce que le miracle ?
Qu'est-ce que la nature ?

### Le miracle.

Il y a des chrétiens qui se raccrochent aux miracles anciens et très grands, et se débarrassent des plus nouveaux et des plus petits.

Les protestants, en général, hongrant la Providence, ont discrédité les miracles modernes, pour s'en tenir à ceux des premiers siècles. Les rationalistes cartésiens ont cru contenter les naturalistes en écartant de l'histoire les influences providentielles, en éteignant l'action constante des puissances célestes. Et Littré lui-même, comme malgré lui, vient de s'en prendre « aux miracles actuels « dont l'Eglise endosse la responsabilité et « que la Science rejette péremptoirement hors « de la trame de notre monde. »

« Le conflit entre les deux autorités » ne date pas des apparitions de Paray-le-Monial, de la rue du Bac, de la Salette et de Lourdes. Il date de l'Incarnation et de la Création première. Adam a-t-il été créé sans père ni mère terrestres? Jésus est-il né sans père terrestre? Voilà la question; là est le problème.

S'il n'y a pas miracle dans ces deux grands faits, alors Hæckel a raison : l'homme est sorti du singe.

Et cette filiation basse admise, encore la zoologie n'aurait rien résolu de la difficulté; car, de singe en zoophyte, et de pierre en arbre, et de végétal en pierre, et de minéral en monade, en point mathématique, on aboutira toujours à s'arrêter confus devant le mystère de la primate et devant ce miracle, le plus fabuleux de tous : Le génie, la sainteté et la beauté engendrés et enfantés par l'ultimate matérielle, ou par l'idéal néant !

Il est donc inutile de faire un choix entre les faits miraculeux, actuels ou primitifs. Prenons la chose dans sa plus grande généralité, et essayons de prouver que l'Eglise n'a à laisser tomber dans l'oubli aucune de ses décisions; car la Science « qui aura, comme dit Littré, le dernier mot, cela est certain », la Science à mesure qu'elle ouvrira ses yeux sur la vie universelle, concluera à confirmer l'affirmation de la théologie, à justifier la foi naïve des peuples.

Cette divergence de sentiments sur les miracles, gros et petits, a cela de bon qu'elle nous conduit à l'idée d'une série de miracles. Et cette idée se trouve confirmée par la définition du plus positif des théologiens, saint Thomas d'Aquin, et du plus savant des linguistes positivistes, Littré.

« Miracle, dit l'auteur, de la *Somme théologique, mirum oculis,* fait admirable aux yeux. C'est une chose extraordinaire, surprenante, émerveillante; à ce point en dehors de l'ordre normal, étrangère à la règle habituelle, qu'elle paraît contraire à la nature, donc impossible. Par extension, on appelle miracle une chose naturelle dont la cause n'est pas connue. »

« Miracle, dit l'auteur du *Dictionnaire*, de *mirari*; par exagération, chose extraordinaire, ou chose régulière dans l'ordre naturel, mais dont on ne comprend pas la cause. »

Les positivistes définissent ainsi : *miracle*, par extension aux faits naturels; les théologiens : *miracle*, par extension aux faits surnaturels.

Reste entre les deux Ecoles la même chose : un acte qui dépasse telle ou telle force, telle ou telle nature, telle ou telle sphère.

Pour tous, le miracle est un phénomène extraordinaire. Pour les uns, tel phénomène a sa cause inconnue dans la nature inférieure, humaine ou terrestre; pour les autres, tel phénomène a sa cause invisible dans la nature supérieure, céleste ou divine.

Que l'on parte de l'infiniment grand ou de l'infiniment petit, l'idée du miracle prolonge devant la pensée une chaîne de choses sortant de l'ordinaire, et dont la cause n'est pas encore connue.

Les uns cherchent cette cause en haut, les autres en bas; les uns la demandent à la Nature, les autres à Dieu.

Nous supposons, pour notre part, qu'il faut

tenir compte de ce double point de vue; et, en embrassant du regard toute la série des phénomènes dits miraculeux, nous disons :

Le miracle est un phénomène encore inexpliqué dans sa cause; un acte rare, un fait surprenant, qui dépasse :

Soit la force de tel ou tel homme,
Soit tel ou tel état scientifique des esprits,
Soit telle ou telle puissance de l'humanité,
Soit la totalité des forces du genre humain.

Tant qu'on ne tient pas compte, ainsi, de l'ensemble des faits, pour les classer en série régulière, on reste dans les ténèbres du chaos; on arrive à ne rien comprendre, ni rien expliquer sur la question du miracle.

— Mais le miracle, se dit-on, est contraire à la nature.

— Quelle nature ?

## La nature.

Ernest Renan, par respect pour la nature, a manqué de respect à Jésus, son héros. Il s'est vu mené, par son préjugé rationaliste, malgré toutes ses bonnes intentions, à conclure que le Christ, à propos de Lazare, fut un charlatan et un menteur, et qu'il a dû être tel, attendu qu'il y a deux morales, l'une morale, pour le *vulgum pecus* populaire, l'autre immorale, pour les bons et grands génies pasteurs de l'humanité.

« Il est avec le ciel des accommodements ! »

Autoriser deux morales contraires, faire enseigner la droiture par la fausseté, voilà une défaillance du criticisme idéaliste que n'autorisent ni votre ciel scientifique ni le ciel théologique. Je m'assure que, sur cette coulpe-là, Littré juge comme le R. P. Félix : il y a jugement téméraire; la raison de la tête a calomnié la raison du cœur (1).

Votre cher maître Littré, sans s'aventurer jusqu'à la résurrection de Lazare, a fortement développé la thèse de Jean-Jacques Rousseau, qui niait le miracle au *nom de la nature*.

Quelle nature ?

La petite nature terrestre ? La terre surmontée de vapeurs, avec un grand luminaire, une lune, et des clous d'or au firmament ? C'est l'enfantillage de la Science.

La nature rétrécie, ratatinée par le Jansé-

(1) *Vide* Conférence de Notre-Dame sur le Miracle.

nisme, qui, voulant trop faire l'ange, dégradait l'homme sur son domaine ? Blaise Pascal a écrit : « Les miracles ont servi à la fondation et serviront à la continuation de l'Eglise jusqu'à l'Antechrist, jusqu'à la fin. » C'est vrai; mais Pascal, grand géomètre, n'avait pas de grandes clartés sur le rôle de notre terre dans le *Mégacosmos*; il n'avait pas le pied sur l'échelle de Jacob, ni l'œil à la vision de saint Jean.

Il y a longtemps qu'on a dit : « L'homme est le *Microcosme*. » Nos docteurs catholiques, dès le Moyen Age, sentaient et exposaient que ce petit monde devait donner, à bien des égards, la mesure du Cosmos dont il est enveloppé, et même du très grand monde *(megacosmos)* qui échappe encore à notre possession (1).

Tant qu'on a pas eu l'idée de la nature dans son immensité, dans son infinité, dans son éternité; tant qu'on n'a pas eu la notion de l'unité universelle, de l'univers habité, de la pluralité des mondes; tant qu'on n'a pas eu la connaissance de l'enchaînement de tous les êtres par un même ensemble de lois; en un

(1) *Spicilegium Solesmense. De re symbolica,* III. 477.

mot, tant que la science naturelle n'a pas été constituée, il n'était pas facile à la raison de comprendre le surnaturel, et le théologien ne pouvait guère obtenir du savant scrupuleux son acquiescement rationnel à la réalité du miracle.

La Science positive tient la clef du grand mystère.

Mais il faut qu'elle consente à l'essayer, cette clef, à s'en servir, pour ouvrir à la terre la porte du ciel.

Jean-Jacques Rousseau a été un sincère amant de la Nature. J'ai entendu un éloquent évêque, Mgr Cœur, dire : « Il faut rendre justice à Rousseau. Il est le premier écrivain qui, depuis la Renaissance, ait ranimé le culte de la nature; et le culte de la nature ne peut pas ne pas ramener à son auteur, à Dieu. »

La nature, pour Jean-Jacques, c'était la terre, le paysage animé, et, sous les splendeurs du soleil et le scintillement des étoiles, les fleurs, les animaux et l'homme; et telles étaient, pour son disciple Bernardin de Saint-Pierre, les *Harmonies de la Nature*, aux lueurs vagues d'un Dieu inconnu.

Jean-Jacques et Bernardin n'avaient pas encore la clef de la Science; ils n'ont pas embrassé la Nature dans son universalité.

Un siècle de tant de recherches et de découvertes nous permet de pénétrer plus avant.

Si la Nature, c'est l'univers, l'infini, le tout, l'ensemble des choses sensibles, compréhensibles et aimables; si, mieux encore, Tertullien a été autorisé à dire aux savants païens : « Ce que vous appelez la Nature, c'est ce que nous, chrétiens, nous appelons notre Père, notre principe, Dieu » ; — alors, dans ce divin Cosmos, beaucoup d'aspects, d'horizons et d'aperçus peuvent entrer et se mouvoir au large, qui ne trouvaient point place dans le petit tableau du grand artiste philosophe de Genève.

Le miracle ne sera point contre nature, si dans le Cosmos le phénomène miraculeux est le fait universel.

Et il en est ainsi.

La Nature, nous l'avons vu, embrasse tous les êtres dans les liens harmonieux d'une même loi.

La Nature admet la multiplicité des sphères, la diversité des vies, unies, mais distinctes et différentes ; et elle admet entre ces termes un ordre sériaire et hiérarchique.

La Nature est un composé.

LA NATURE EST UNE ÉCHELLE DE NATURES.

Dans toutes les langues, par toutes les

lèvres de l'Humanité, l'instinct du bon sens, devançant la Science, a compté les échelons de cette série de natures, et les a nommées :

    Nature divine,
    Nature angélique,
    Nature humaine,
    Nature animale,
    Nature végétale,
    Nature minérale.

Humboldt et Auguste Comte ont parcouru cette vaste échelle du Cosmos sur la plupart de ses degrés. Ampère est monté encore plus haut : Hugh Doherty, le plus savant disciple de Charles Fourier, a essayé de tout embrasser en profondeur, largeur et hauteur, conformément à l'indication de saint Paul et au plan de saint Thomas d'Aquin.

Concluons :

Dans la Grande Nature universelle, il y a une série de natures ; dans l'univers, une échelle de règnes, terrestres et célestes.

### Engrenage des natures.
### Transition, tendance ascensionnelle.

Non seulement il y a une échelle de natures diverses dans la Grande Nature, mais les dégrés de cette série sont conjoints, enchevêtrés les uns dans les autres.

Il y a entre ces divers termes, entre ces échelons de la série des règnes,

Un certain discord, qui les différencie,

Une tendance à l'accord, qui les combine,

Et de plus, une analogie, en vertu de laquelle, l'un des termes se répercutant dans l'autre, il se produit un troisième terme, qui tient des autres, sans leur être absolument semblable, qui demeure un *analogue*, un *mixte*, qui devient une unité nouvelle.

Par exemple, tout savant sérieux reconnaît bien qu'il y a dans l'homme, avec la nature physiologique, *un quelque chose* de supérieur à cette activité inconsciente, une nature psychologique, plus active, et donc hiérarchiquement au-dessus de l'autre ; autrement dit une espèce de vie surnaturelle à la vie de conservation. De leur union intime résulte la nature humaine.

Eh bien, quand la Théologie enseigne qu'il y a dans l'unique personne de Jésus-Christ *deux natures*, l'une supérieure à l'autre, mais toutes deux se résolvant dans une unité *sui generis*, elle n'est pas plus aventurée hors de l'ordre général de la Nature, que la Physiologie enseignant qu'il y a, dans l'unité de l'homme, une combinaison de vies végétative et animale avec la vie intellectuelle et morale.

Comment les variétés sont-elles unies dans la chaîne universelle ?

Par des nœuds, des transitions, des exceptions à la règle ordinaire, chaque accident exceptionnel servant de lien d'une sphère à l'autre, d'une nature à l'autre.

La Science a popularisé cet axiome : « Il n'y a pas de règle sans exception. »

L'exception appartient tout autant à la Nature que la règle elle-même. Et l'ordre général n'est pas plus bouleversé, supprimé par l'exception que le cours général du fleuve n'est brisé par les remous, que l'harmonie universelle du mouvement atmosphérique n'est mise à néant par les contrecourants des vents variables.

Fourier appelle ces nœuds de l'engrenage universel, *les ambigus*.

A vrai dire, l'ambigu est partout, et chaque être porte en soi, à ses deux bouts, deux exceptions à la règle de sa vie normale.

L'ambigu a cela de spécial dans l'évolution du genre humain, que le centre étant équilibré entre ses deux extrémités, l'une ou l'autre peut prédominer, produire un effet de bascule, et jeter l'homme dans l'un ou l'autre extrême. C'est ce que Fourier appelle *le double essor*. Tel, prenant son essor vers le haut, élève sa nature à des perfections miraculeuses ; mais il peut lui arriver de se perdre en tombant de plus haut, comme dit Pascal, pour avoir voulu *faire trop l'ange*. Tel autre se laisse aller à trop favoriser en soi la bête ; il devient *homme animal*, il tombe à des excès de bestialité prodigieux (1).

Telle est, dans l'ordre nécessaire, la part du libre arbitre.

Il y a ainsi, en contraste, des miracles de surévélation et des miracles de dégradation. La chute à l'état d'animal est un phénomène vraiment contraire à la nature normale de l'Humanité, tout autant et plus même que l'exaltation de l'homme naturel à l'état d'homme divin.

Nous disons plus miraculeux, plus monstrueux, plus contre nature, parce que l'homme, en vertu de sa force immanente elle-même, de son essentielle constitution, aspire à s'élever.

Ajoutons que cette attraction vers le haut,

(1) Voyez le scandale de Bordeaux et tant d'autres, qui pullulent dans notre pauvre humanité dégradée.

vers un état supérieur, vers le perfectionnement de l'être, est le besoin de toutes les existences sur toute l'échelle de la Nature.

Monter, c'est la destinée des êtres libres; déchoir, c'est aller contre notre fin, qui est l'épanouissement dans la lumière, dans la vie, la liberté et le bonheur. Et la surnaturalisation est tellement l'attrait universel, que même les êtres inférieurs, en apparence passifs, participent à cet universel mouvement vers le plus haut, vers le Très-Haut.

Chaque nature, sur l'échelle du Cosmos, aspire à monter d'un degré.

Mais il a besoin d'aide pour opérer son évolution et sa transformation.

### La série des providences.

Il y a, entre toutes les sphères, un acte de transition.

Il y a, dans l'ordinaire général, un extraordinaire agent, qui sert à lier et surélever les êtres.

Il y a un enchaînement de providences transformatrices.

« L'unique providence, a dit Littré, c'est l'Humanité. »

Assurément, l'Humanité est une providence puissante, capable de merveilles de science et de miracles d'amour.

La Famille est la providence des enfants ;

La Patrie, la providence des citoyens ;

Et l'Eglise, qui depuis dix-neuf siècles envoie ses missionnaires à toutes les extrémités du globe, accomplit, incontestablement, une fonction de providence humaine à l'égard des sauvages, des barbares et même des civilisés.

Mais de ce que l'Humanité, naturellement douée d'une très grande force immanente, exerce sur ses membres une action providentielle, il ne s'ensuit aucunement qu'elle soit seule avec elle-même et qu'elle ne reçoive, pour l'accomplissement de sa mission, aucune assistance secourable.

L'Humanité est puissante à un degré incalculable, miraculeux. On découvre chaque jour de nouveaux horizons tout à fait surprenants. Et il peut arriver qu'un acte de puissance, longtemps considéré comme un miracle surnaturel, soit opéré par la simple nature. C'est le cas du docteur américain Tanner. Il vient de prouver, sous l'œil et l'index d'une Inquisition scientifique très positive, que l'homme doué d'une volonté supérieure peut renouveler le miracle d'un jeûne presque aussi prolongé que celui de Jésus dans le Désert. Ici, c'est l'âme humaine, la nature spirituelle, qui impose à la vie de nutrition des actes d'abstinence contraires à la nature végétative. Il y a beau temps que des faits analogues ont été constatés dans l'Inde bouddhique par des savants anglais. Victor Meunier les a rapportés et popularisés.

La virginité sacerdotale n'est pas autre chose qu'un miracle de l'homme spirituel dominant, jusqu'à le supprimer, l'un des besoins irrésistibles de l'animalité, l'un des attraits les plus vifs de l'humanité même. Aussi depuis le théologien Luther jusqu'au savant Raspail, tout le monde redit ce mot, qui vient d'être ressassé au Parlement gaulois :

*C'est contre nature !*

Contre la nature de Raspail et de Luther, de vous, de moi, du plus grand nombre ; mais non contre la nature de Newton et de saint Jean.

Le célibat religieux est si peu contre nature, absolument parlant, qu'il est une réalité, un fait accompli dès longtemps, de tout temps, depuis les Ascètes indous et les Esséniens de Judée jusqu'aux Continents des Eglises grecque et romaine, jusqu'à la secte américaine des Shakers.

Mais, ici, paraît s'ajouter au fait extraordinaire une cause supérieure. L'homme, chez M. Tanner, a pu se suffire à lui-même; mais, dans le phénomène du célibat perpétuel, tous les pratiquants affirment :

D'une part, que leur continence est un sacrifice volontaire,

Et de l'autre part, qu'ils ne suffiraient pas à son accomplissement parfait, sans l'assistance d'un être supérieur, qu'ils invoquent comme un soutien nécessaire.

La virginité ainsi consacrée, c'est l'exception à la règle sacrée du mariage. C'est le lien religieux de la terre avec le ciel. Et dans ce cas, nous trouvons appliquées ces deux paroles de Jésus :

« Il y a des hommes qui se font eunuques en vue du royaume des cieux.

« Sans moi, vous ne pourriez rien de ce caractère surnaturel. Ce qui est impossible à l'homme seul, est possible à l'homme aidé de Dieu (1). »

Et tous ces croyants qui greffent sur leur

---

(1) S. Matth., XIX, 12.

foi une puissance vraiment surnaturelle à la vie naturelle commune, ont un tel sentiment d'une providence supérieure constamment active, qu'ils lui redisent incessamment : « Ne nous induisez pas en tentation, mais délivrez-nous du mal. » Ce qui est un bien permis pour le grand nombre, est considéré comme un mal pour ces rares élus, qui se sont voués à une fonction d'un ordre supérieur. Tant il est vrai qu'à toute règle il y a l'exception, toujours.

Nous avons cité, d'après le rapport de M. le docteur Brown Sequard, des faits analogues au jeûne du docteur Tanner, où la puissance humaine produit des modifications profondes dans l'organisme. D'autres faits, recueillis de la même bouche autorisée, nous mènent un peu plus loin que la force immanente. Il s'agit, non pas de l'action problématique d'un SPIRIT de l'autre monde hypothétique, mais de l'intervention d'un homme d'esprit de ce monde positif. Dans les expériences sur l'*ipneutisme* de mon très honorable ami le docteur Philips Durand de Gros (auquel j'ai moi-même servi de patient et de pâtiras : j'en parle donc en connaissance de cause), la cause n'était pas simplement ma force immanente livrée à elle seule ; c'était la volonté du savant docteur.

Durand de Gros m'imposait l'assoupissement et le réveil, l'activité vertigineuse ou l'inertie absolue, à sa fantaisie.

Chez mon excellent ami Eugène Soubeiran, plus fort en chimie même que M. Naquet, en plein cénacle de savants très positivistes, le disciple de Bread a fait voir un cerisier, cueillir, manger, goûter, savourer des cerises, qui n'existaient point, à des libres-penseurs fort incrédules, qui se laissèrent prendre à l'hallucination, et crurent et firent tout ce que l'expérimentateur voulut bien leur faire accroire et pratiquer.

Si la foi nous perd ainsi, pourquoi la foi ne nous sauverait-elle pas ?

Or, la foi nous vient le plus souvent d'une communication, d'un foyer extérieur à nous-mêmes, de la parole d'un chef et d'un maître : *fides ex auditu*.

Brown Sequard nous a raconté, gaiement, mais très sérieusement, qu'on peut être purgé par la simple idée qu'on a pris un purgatif. « La foi à un remède soulève la montagne de l'obstruction. » L'allusion à un mot de l'Evangile est topique. Si l'ordonnance de M. Purgon, ne fût-elle que de l'eau claire, opère sur le *malade imaginaire*, pourquoi le bon vin de l'Evangile, l'esprit vivant de Jésus-Christ n'opèrerait-il pas sur l'homme faible pour le fortifier, sur le malade pour le guérir ? Si la foi a l'efficacité de purger le ventre, pourquoi la foi n'aurait-elle pas l'efficacité de purifier le cœur.

Le grand physiologiste nous a dit : « On ne peut pas faire ce qui n'est pas dans la nature, si belle et si puissante, quand nous ne la contrarions pas ! » D'accord. Et la foi est tellement dans la nature, une puissance inspirée à la nature et par la nature même pour les nécessités de l'éducation et du progrès, que je crois sur parole ce que m'affirme mon ami Brown Sequard au nom de la Science, sans avoir les connaissances indispensables à un contrôle positif.

Un charlatan m'insinue la foi à une médecine imaginaire, et la foi opère.

Un savant m'inculque la foi à un vrai remède, à une loi générale de l'ordre naturel et de l'ordre social : et je me sens fortifié, éclairé.

Pourquoi donc, Jésus inspirant la foi à une parole de vie supérieure, l'homme n'en serait-il pas vivifié, relevé, exalté ?

Et voilà pourquoi le savant maître de l'Evangile dit : « En vérité, si vous aviez de la foi comme un grain de sénevé, vous diriez à cette montagne : Transporte-toi d'ici, et elle se transporterait, et rien ne vous serait impossible (1). »

Il y a, dans la nature humaine, des puissances qui vont à l'acte, comme d'elles-mêmes.

Il y a, dans notre nature, des germes, qui ont besoin d'une assistance supérieure pour se développer.

Il y a, enfin, dans l'homme, des afflux de puissances, d'activités, de grâces, de dons, qui viennent de plus haut que lui-même, comme descendent du soleil à la terre des infusions de forces d'une nature supérieure qui se marient aux forces humaines immanentes pour les féconder et les mettre à fruits.

L'éminent professeur du Collège de France conteste sur les causes des phénomènes de l'ipneutisme et du magnétisme : il écarte l'hypothèse du *magnétisme* animal, il nie l'existence d'un *fluide* particulier qui sortirait du cercle du système nerveux.

Ne serait-ce pas un fluide général, une force ?

---

(1) Saint Matth., xvii.

Et qu'est-ce que la force ? Serait-ce l'électricité ?

Jésus, ayant senti l'attouchement de l'hémorroïsse, dit : « J'ai connu qu'une force, une vertu est sortie de moi (1). »

Si ce n'est pas un fluide qui va d'un homme à un autre homme pour l'influencer, qu'est-ce donc qui intervient, avec puissance de donner la foi, imposer l'illusion, déterminer l'hallucination ? Il faut bien que ce soit *quelque chose*, matière ou esprit ; à moins que ce ne soit l'un et l'autre ensemble.

Ou bien, un agent matériel passe d'un être aux autres ;

Ou bien, c'est un agent spirituel, invisible, intangible, une force active intellectuelle, la volonté ;

Ou bien, il y a concours d'un fluide humain avec l'esprit humain ;

Ou bien enfin, il y a intervention d'une puissance supérieure au règne hominal.

Toujours est il que Celse, aux premiers siècles de l'ère chrétienne, Voltaire dans nos derniers temps et, hier encore, M. Naquet ont été de force à soutenir que tous ces phé-

---

(1) Saint Luc, VIII, 46.

nomènes, miraculeux ou merveilleux à voir, devaient nécessairement avoir pour causes le charlatanisme, la supercherie, le mensonge, attendu qu'ils paraissent contre nature. Tout cela était impossible, en fait, aux yeux, à la raison et au cœur des plus grands beaux esprits du II*, du XVIII* et du XIX* siècles.

On nous dira que tous ces miracles de l'expérience physiologique ou de l'histoire évangélique peuvent être rapportés à la force immanente. Ce sont des actes de la puissance naturelle, dont les hommes sont diversement doués, et qui s'expriment soit spontanément, soit par l'influence du prochain, et se développent par l'exercice.

D'accord. Prenez et lisez saint Paul : « Dans un même esprit planant sur la nature humaine, les dons, les vocations, les ministères, les opérations se diversifient. L'un a l'esprit scientifique ; l'autre le don d'interpréter la parole ; un autre la grâce d'opérer des guérisons (1). »

Il y a des hommes qui ont telle puissance au-delà des forces du prochain, et qui manquent absolument de telle autre. Je ne sens en

---

(1) I Cor., XII.

moi aucun souffle du thaumaturge et pas l'ombre d'un savant ; tout le monde a vu en Littré l'étoffe et l'habit et l'auréole de l'homme de science. Le don de science qu'il tenait de la nature et de Dieu, il l'a, par un grand travail, fait grandement fructifier.

Et ce que chacun peut faire sur soi, il doit le faire sur son prochain, afin de voir progresser l'humanité dans toutes ses puissances de vie perfectionnée.

Tout cela, nous redisent les positivistes, ne sort pas nécessairement d'un foyer extérieur à la terre; tout cela peut être ramené aux puissances de la nature humaine. Ce sont des actions de l'humanité en elle-même, sur elle-même.

En effet, à la rigueur, jusqu'ici, nous n'avons considéré que l'influence réciproque de puissances diverses d'une même nature. Nous allons en venir à observer l'action providentielle d'un règne de la grande Nature sur les autres règnes.

Les naturalistes nous disent avec Jacotot : « Tout est dans tout. Tout peut donc sortir de tout. »

Ce n'est pas impossible.

Et tout étant lié, une poussée, une impulsion du tout au tout peut produire en tout et partout un phénomène de transformation.

Reste à méditer sur cette petite nuance, sur cette alternative :

Tout est-il capable de se transformer tout seul ?

Ou bien susceptible d'être transformé par le concours et l'aide d'un prochain quelconque ?

Haeckel me dit :

« Une guenon aimée par un macaque a produit un animal raisonnable. »

— De deux singes, un homme ? Maître Prussien, tu es de force à nous écraser sous ta poigne et ton artillerie ; mais nous faire avaler ta vision brute ? *Nicht !* Fais-nous voir ça.

Que si tu nous concèdes qu'une condition ou cause supérieure, survenant sur ce couple où tu vois avec complaisance ta genèse, a déterminé un saut brusque de singe en savant, alors nous n'avons plus d'objection à la chaîne évolutive de Darwin.

Pour toute transformation extraordinaire, anormale, exceptionnelle, un extraordinaire agent anormal, exceptionnel, voilà ce qu'exige le bon sens gaulois.

Les embryogénistes nous disent :

Dans le végétal sont contenus deux germes, l'un végétal, l'autre animal.

Pour que le germe animal se développe, et donc pour que du végétal pousse et sorte l'animal, il suffit de certaines conditions.

— Lesquelles?

— Avez-vous déjà vu se produire cette évolution? trouvé ces conditions?

— Si on ne les a pas vues, elles restent à trouver.

— Fort bien. Non seulement nous adhérons à votre hypothèse, mais nous la croyons un fait possible et réalisé.

La Bible nous dit, quarante siècles avant les découvertes de Balbiani, que dans l'humanité essentielle il y a deux germes, l'un masculin, l'autre féminin : *Hominem masculum et feminam;*

Et la Bible ajoute que, postérieurement, à un moment choisi par l'évolution génésiaque, l'homme se dédoubla, et que du principe humain premier sortit le second, son semblable à la fois et son contraste, *de viro virago* (1).

Pour cette production nouvelle, il a fallu,

---

(1) Genèse, I, 27; II, 23.

paraît-il, et il y a eu de certaines conditions ou causes déterminantes.

Nous croyons, nous, que la cause de l'évolution fut l'assistance d'une force supérieure intelligente et libre, la raison et la volonté et la puissance divines.

Et nous avons contre vous cet avantage, que celui qui a révélé ces deux phénomènes d'évolution et de transformisme:

L'homme *ex humo,*
La femme *ex viro,*

Et qui nous a mis le doigt dessus au moins 4000 ans avant l'embryogénie moderne, du même doigt nous montre le ciel et nous dit que l'opération a été déterminée, complétée par le Très-Haut, *de cœlo a Deo.*

Mais n'allons point si haut, jusqu'au Très Haut, pour le moment. Dans cette *question des conditions,* posée par Claude Bernard, cherchez et vous trouverez que l'une des conditions de la transformation que vous attendez, c'est une cause majeure, une force supérieure. Et vous en êtes la preuve vivante, vous savants physiologistes, qui rêvez de cette merveilleuse évolution, de cette miraculeuse transformation du végétal en animal : puisque vous êtes, vous, les chercheurs et les opérateurs de ce prodige; et n'êtes-vous pas, vous, des êtres d'un règne absolument supérieur aux germes de la plante et de la bête? Vous êtes du règne hominal, et, entre les hommes, des génies hors ligne; et c'est à titre d'hommes de génie que vous pourriez être des providences transformatrices.

Dans chaque sphère, chaque nature, même au nom de son moi, de sa force immanente, aspire à s'élever, à sortir d'elle-même,

Pour s'épandre dans le prochain: c'est l'Altruisme;

Pour s'agrandir à la mesure du globe habité: l'Humanitarisme;

Pour monter à un degré supérieur: l'Angélicisme;

Pour s'exalter jusqu'à l'infini : c'est le Théïsme.

Mais aucun être naturel ne se suffit à lui-même pour faire son éducation et l'accomplir au point de sortir, à lui tout seul, d'en bas, pour entrer plus haut. Il lui faut non seulement son propre effort, non seulement l'association de secours mutuels entre égaux; il lui faut une assistance supérieure.

La terre à l'état de désert rocheux et sablonneux est transformée en terre végétale par les végétaux.

Le végétal est transformé en chair par l'élaboration de l'animal.

Les animaux ne peuvent pas arriver à leur perfection sans l'élève de l'homme.

Chacun de ces actes d'élaboration est surnaturel à la nature élaborée; car les sucs terrestres ne peuvent pas à eux seuls produire un végétal: il y faut l'eau, l'air, le soleil; les plantes ne sauraient à elles seules pousser un animal.

L'homme, chargé du gouvernement de la terre, être supérieur et libre, mais encore imparfait, peut user et abuser de sa puissance d'action sur les règnes inférieurs. Les exemples, bienfaisants ou fâcheux, sont innombrables. L'homme, éleveur des animaux asservis à son empire, transforme l'existence des êtres, sans attendre un consentement qui dépasse l'intelligence de la bête. Par exemple, la poule, le poisson n'ont pas besoin de l'assistance de l'homme pour voir éclore leurs œufs et naître leurs petits. Mais l'homme, avec le progrès des sciences, est arrivé à comprendre qu'il peut, avec avantage, suppléer la couvée et la fécondation naturelle. L'incubation artificielle et la pisciculture sont des opérations qui dépassent en puissance la nature et l'industrie du règne animal.

Or, supposez que la plante et la bête pensent et raisonnent : elles ne manqueraient pas de considérer tout acte de transformation qui surpasse leurs forces propres comme une œuvre surnaturelle, c'est-à-dire surnaturelle à leur nature, autrement dit un miracle.

Dites à une branche d'arbre et à un lingot de cuivre qu'ils sont appelés à devenir flûte et cor d'harmonie ; et il vous répondraient, s'ils pouvaient, en levant les épaules, s'ils en avaient, en souriant, si le sourire n'était le privilège des hommes d'esprit : « Cela est contraire à notre nature. » En quoi ils auraient raison. Mais ils ne manqueraient pas d'ajouter : « C'est impossible ! » En quoi ils auraient tort.

Dites au fœtus humain qu'un jour, au lieu d'être alimenté passivement par le nombril et au lieu d'être enfermé au sein d'une seule femme, il recevra, il prendra par la bouche du lait, des fruits et de la viande, et qu'il passera de servitude obscure en lumineuse liberté, et qu'il verra sa mère face à face et face à face des milliers d'êtres semblables : n'est il pas évident qu'il va remuer, s'agiter, vouloir naître avant terme pour crier comme le croyant : Miracle! ou comme le sceptique : Mensonge!

Eh bien, mes très honorés frères, nous, chrétiens, nous disons :

Comme les substances minérales, végétales et animales se changent en chair humaine par l'opération de l'esprit humain, comme le semen informe se transforme en adorable enfant dans les entrailles de la femme, amour vivant et créateur, de même l'homme animal, brute et malade peut être changé en homme sain, raisonnable et juste par l'action supérieure de puissances plus saines et plus saintes, et transfiguré en homme spirituel par une providence maternelle très haute.

Poursuivant, comme veulent la logique et l'analyse intégrale, sur cette échelle du progrès universel, nous disons :

*Tout être, pour être éleveur, a besoin lui-même d'un éleveur.*

L'homme spirituel ne peut pas arriver à un état suréminent, sans une assistance d'en haut, sans le concours des justes et des saints, des anges et de Dieu.

*Le ciel cultive l'humanité, comme l'homme cultive la terre.*

Est-il permis aux savants de ne tenir aucun compte de l'analogie ? Ont-ils le droit, en bonne logique, de se refuser à conclure du visible et du connu à l'invisible et à l'inconnu, alors que toute l'échelle des sciences positives donne raison à notre affirmation contre leur doute ?

La théologie a produit cet axiome :

« *La grâce perfectionne la nature.* »

Y a-t-il rien, dans cet aperçu sur les sphères supérieures, qui contrarie ce qui est positivement acquis à la science sur les lois des sphères inférieures ?

N'est-ce pas le même principe d'évolution, la même règle de transformation ?

Puisque les règnes inférieurs ne se perfectionnent que grâce au concours de l'homme, leur supérieur, pourquoi ne pas admettre qu'une puissance d'un règne plus haut concourt par sa bonne grâce à perfectionner la nature humaine ?

Où voit-on s'opérer une transformation sans un opérateur ? Le transformisme, est-ce contre nature ? C'est la grande thèse la plus moderne de la science la plus avancée.

Toute la théorie *nouvelle* du transformisme mène à la notion scientifique du miracle. Le transformiste tend la main au thaumaturge.

Car le transformisme, c'est du *vieux-neuf*, vieux comme le miracle.

Le miracle est partout dans la nature, partout où il y a des actes de transfiguration. C'est le nœud de toute évolution ; c'est la loi même du progrès.

C'est en vain qu'on prétend borner le mouvement à l'impulsion unique d'une force immanente. C'est aller contre la nature entière, contre l'expérience, contre l'évidence ; puisqu'il n'y a pas dans la nature un seul être isolé ; et pas un qui ne soit *intermédiaire :* et donc, pas un qui, doué de sa vie propre, ne subisse une influence et ne reçoive un concours et d'une vie inférieure et d'une vie supérieure ; pas un qui ne tire quelque chose et de la matière solide et liquide, et de l'éther et des aromes, et de la terre et du ciel, sous l'action d'un même soleil.

La thèse de la force immanente unique, se poussant elle toute seule, n'est pas soutenable ; encore moins, la supposition que du singe ignoble est sorti l'homme sublime, sans aucun miraculeux concours du Très-Haut. Ces bêtises-là n'ont pas l'ombre du sens commun. C'est là ce qui est contre nature.

Le bon sens le plus rustique condamne l'hypothèse anglo-saxonne de l'évolution partant exclusivement d'en bas, de la transformation due au seul principe inférieur, sans l'assistance d'aucun supérieur.

Avisez un bon paysan fermier, un simple garçon d'écurie, et demandez-lui :

« — De l'âne ou du cheval, quelle est la bête la plus belle, la plus précieuse ? l'espèce supérieure à l'autre ?

— Le cheval, donc.

— Est-ce qu'il est possible de faire sortir de l'âne un cheval ?

— Ah ! non.

— Au moins un âne du cheval ? Qui peut le plus, peut le moins.

— Mais point !

— Comment ? on ne peut rien produire qu'un ânon d'un âne, un poulain du cheval ?

— Faites excuse : en accouplant à l'ânesse le cheval, nous produisons un mulet.

— C'est donc qu'il faut un supérieur et un inférieur ensemble, pour faire un métis ?

— Pardi, oui ! »

Voilà tout le principe naturel et divin du transformisme scientifique.

De deux êtres combinés, l'un inférieur, l'autre supérieur, sort *un mixte*.

Et c'est ainsi que de la terre limoneuse et du ciel spirituel est né l'homme;

Et c'est ainsi que de la Femme et de Dieu est né

l'*Homme-Dieu*.

J'ajoute cette considération importante, qui nous vient de la *Genèse*, et de l'*Evangile*, et à laquelle la science se doit d'ouvrir les yeux.

La Bible judéo-chrétienne, racontant les merveilles du Cosmos où tout a été fait avec *poids, nombre* et *mesure*, commence par compter volontiers *par deux*, en opposant les extrêmes contrastes de la chaîne des êtres; puis, elle en vient à compter *par trois* et par demander à la *Trinité* l'accomplissement de l'ordre et de l'harmonie :

Le *corps* et *l'âme*, tous deux unis dans *l'homme*.

Les trois constituent l'unité parfaite : *funiculus triplex*.

Nous avons vu la science naturelle procéder ainsi et s'en tenir longtemps à compter par deux. A l'heure qu'il est, nous voyons s'opposer contradictoirement les partisans du matérialisme et du spiritualisme, qui finiront par s'entendre, en approfondissant le terme qui doit les concilier, l'anthropologisme. Les méthodologistes en sont encore à opposer la synthèse et l'analyse, sans tenir assez compte du troisième procédé, l'analogie (1). Combien de temps a-t-on spéculé sur la lumière et le calorique, sans avoir trouvé l'électricité ? Physiciens, astronomes basent encore leurs calculs sur les deux forces centrifuge et centripète, sans trop s'inquiéter de la troisième qui les balance et les met en équilibre harmonieux. Cherchez, savants, et vous trouverez dans toute unité vivante cette trinité de forces et de mouvements.

Il n'est donc pas scientifique d'opposer exclusivement, comme on fait d'ordinaire, deux forces en jeu contraire : le haut et le bas, l'esprit et la matière. Il n'y a pas deux forces seulement en action ; il y en a trois concordantes en un.

Nous venons de voir dans le premier Adam ces trois termes combinés :

Le *limon d'en bas*, le *souffle de vie* d'en haut ;
Entre les deux, *l'âme vivante*, humaine.

Considérez le nouvel Adam ; vous trouvez en lui ces trois éléments :

la nature divine,
la nature humaine,

---

(1) Voir première partie, 2e chap., 1er §.

Et, dans le Fils de l'homme, persiste la nature inférieure, *de limo terræ*.

Observez les actes miraculeux de Jésus-Christ, et vous y voyez concourir les trois natures.

Aux noces de Cana, condescendant aux goûts de la bonne nature, cédant à l'appel de sa Mère, pour donner du vin et du meilleur, il emprunte de l'eau naturelle.

Lors de la multiplication des pains, il se sert d'un produit naturel, pour répondre aux nécessités du peuple.

Veut-il guérir un aveugle, il prend de la terre, l'humecte de salive et la pose sur les yeux malades, et puis il parle, il commande.

Voilà le concours des deux natures, et ici, Jésus semble opérer par sa propre force.

Mais le Fils de l'homme, en toute occasion, prend soin de dire : « J'opère les œuvres de Celui qui m'a envoyé. » Et, dans certains cas extraordinaires, Jésus-Christ a recours à plus fort médecin que lui-même, à celui qui est plus grand que l'Homme-Dieu même ; *major me est ;* et, pour rappeler dans le cadavre de Lazare le souffle de vie, il invoque la Toute-Puissance du Très-Haut : « *Mon Père!* »

La Théologie enseigne donc deux choses :

La force merveilleuse de la nature humaine ;

La force miraculeuse d'une nature divine, supérieure, aimante et secourable.

Nous voyons d'abord Jésus faire des opérations surprenantes et admirables, ordinairement impossibles à la simple et vulgaire nature humaine; et il semble opérer en vertu de sa force naturelle, comme Fils de l'Homme, avec le concours des âmes et des natures inférieures de la terre.

Et puis, nous le voyons qui semble augmenter sa force propre, avec le concours des êtres qui sont dans les cieux.

Que si les opérations de Jésus de Nazareth dépassent tout ce que la science actuelle connaît des puissances de l'humanité, le théologien répond avec son Maître : « Ce qui est impossible à l'homme seul est possible à l'homme uni avec Dieu. » Ce qui est contraire à la nature simple est conforme à la nature composée; ce qui est impraticable à l'être imparfait est faisable pour l'être perfectionné; ce que l'enfant ne peut faire, par exemple, un enfant, l'homme viril le fait.

D'où vient cette puissance supérieure ?

Du développement d'une force immanente ?

D'accord. Mais l'arbre trouverait-il dans

son germe la puissance de fleurir et féconder sa fleur et de fructifier, sans le concours de deux forces :

Celle d'en bas, des sucs de la terre,

Celle d'en haut, des effluves du ciel, du soleil, suprême générateur du monde physique ?

Or, s'il est vrai que cet accord parfait entre trois forces :

Y supérieure,
X médiane,
Y inférieure,

soit le fait universel, constaté par l'expérience et consacré par la science dans le monde physique, comment peut-on concevoir que cette loi générale s'évanouisse devant l'œil positif qui observe le monde moral ?

Allons, allons, savants naturalistes, ne ratatinons pas la nature, ne coupons rien à sa virilité, n'étouffons rien dans ses entrailles fécondes. Et puisque M. Paul Bert, celui des positivistes qui frise le plus le matérialisme brutal, daigne garantir à nos enfants *l'enseignement de la morale* et parle avec solennité de *l'Infini,* il ne peut pas nier qu'il y a, dans son Infini, une série de vies progressives, une échelle d'*écoles normales,* où apprennent diversement à vivre et à se développer et à s'élever les terrains, les plantes, les bêtes et les hommes; et puisque le voici devenu Providence pour le populaire abruti par l'ignorance, pour ce pauvre homme animal assis à l'ombre de la mort, auquel il crie : « Lazare, sors du tombeau ; animal que tu es, deviens un homme! » il a trop de science, avec trop de modestie, pour ne pas comprendre qu'à lui-même une Puissance plus haute et une parole plus forte peut utilement crier : « Ami Lazare, tu dors. Debout, ouvre les yeux; délie-toi des bandelettes du sophisme et des chaînes pesantes de la demi-science. Physiologiste, deviens psychologue; savant de la terre opaque, sois un saint du ciel lumineux; homme, deviens un homme Dieu! Et alors, mieux rempli de grâce et de bonne grâce, à ton tour tu feras des miracles, et des miracles plus grands même que ceux des anciens âges théologiques, parce que tu mettras plus de science au service d'une charité de plus en plus surabondante, *et majora.* »

Y a-t-il des règnes supérieurs au règne hominal? — Voilà toute la question; oui, toute la question du miracle.

Que M. Paul Bert consacre autant d'années et de labeur et de génie à contempler du côté du ciel, qu'il a donné de généreux efforts à expérimenter du côté de la terre; qu'il cherche autant dans la famille des saints qu'il a cherché dans la race canine; qu'il donne un coup de ses ailes (s'il en a plus que l'autruche), au delà de cette atmosphère qu'il a si soigneusement pesée, et certes il arrivera à sentir et entrevoir quelque chose dans le monde angélique et divin, où il ne voit goutte; et il n'en sera pas réduit à réduire son Infini à l'infiniment petit du protosperme; et il laissera féconder son âme par un foyer d'électricité spirituelle plus fort que sa propre machine, et il sentira son cœur couvé par une nature plus ardemment aimante que la sienne.

L'amour, c'est ce qui manque à tant d'esprits forts de notre âge, vraiment forts, mais rigides et raides, secs et tièdes. Ils aiment leurs enfants passionnément, leur parti beaucoup, leur femme et leur patrie un peu, l'humanité et Dieu pas du tout! Aimer nos proches, le bel épanouissement du cœur pour des chrétiens! « Les païens et les publicains n'en font-ils pas autant (1)? » Littré, comme Jésus, convie les hommes à des sentiments plus largement humains. Pour avoir cette puissance de rayonnement cordial universel, c'est en

(1) Saint Matth. v, 46.

haut que les âmes de bonne volonté doivent chercher qui les réchauffe et les embrase et les épanouisse dans un sourire ; car il y a au-dessus de nous, avec un foyer de lumière et de calorique, un foyer spirituel de raison absolue, d'où procède l'amour infini.

L'altruisme, dans nos positivistes politiciens, ne dépasse pas les bornes de leur parti et de leur patrie.

Vous n'en êtes point, vous, Messieurs, à ces horizons étroits, à ces hauteurs médiocres, à ces idolâtries de l'Etat et de la Divinité poliade, à cette philosophie mal féconde, grosse du fanatisme impie.

Pour vous, hommes de la bonne nature, *vere Israelitœ*, cœurs ouverts et pleins, portant en vous toute l'humanité, pour vous, le citoyen d'une patrie est encore plus l'homme de la grande patrie, le citoyen du monde.

Mais vous, qui savez si bien que le Cosmos ne s'arrête pas à notre Globe, il vous reste à pousser la contemplation de la Vie générale et de l'Ordre universel au delà de nous-mêmes, de notre Humanité, jusqu'aux Humanités voisines, aux constellations des êtres supérieurs.

Vous, qui expliquez si bien comment le *moi* se transforme en *Altruisme*, vous nous devez l'explication de la transformation de l'amour de l'Humanité terrestre en amour du prochain céleste. Il vous appartient de rejoindre sur ces sommets sacrés tous les Génies sublimes qui, du ciel scientifique, ont salué et adoré le Soleil du ciel théologique, dont ils portaient l'auréole au front, depuis Pythagore et Aristote jusqu'à Albert le Grand, saint Thomas et Roger Bacon, depuis Copernic, Newton et Christophe Colomb jusqu'aux plus libres et plus grands penseurs du XIX⁰ siècle, Charles Fourier et Auguste Comte.

Oui, nos deux maîtres : car Fourier résume sa doctrine dans cette triple fin :

« Unité de l'homme avec { l'univers, ses semblables, Dieu. »

Et Auguste Comte, sur la fin de sa vie, a voulu compléter sa philosophie en la couronnant d'une théologie. Les âmes vulgaires ont cru voir là un signe de faiblesse sénile : erreur ! ce fut l'intuition du génie, entrevoyant les lueurs du palais céleste et du trône divin, dont il allait monter les degrés.

Mais ni Fourier, ni Auguste Comte n'ont articulé les formes précises du monde religieux, dont ils eurent l'intuition et l'entrevue.

A vous de compléter leur œuvre ; à vous de renouer la chaîne sainte avec tous les génies de l'humanité, de restaurer la tradition de la vraie Science, interrompue par la demi-science du XVIII<sup>e</sup> siècle.

*Sursum corda !* Poussez plus haut dans l'épanouissement de l'amour universel les cœurs de vos disciples.

Vous êtes raison trop compréhensive et trop ferme, pour ne pas leur faire comprendre que la théorie du Transformisme a son couronnement, en plein ciel théologique, dans la Transfiguration, dans la Transsubstantiation eucharistique, dans la Résurrection générale des âmes et des corps.

Vous êtes des observateurs trop exercés pour ne pas leur mettre le doigt sur toutes les transformations qui s'opèrent de règne en règne, et, toujours et partout, par l'assistance d'une puissance supérieure, concourant avec la force immanente, depuis le minéral jusqu'à l'hominal.

Vous êtes des esprits libres et trop amoureux de la liberté féconde, pour ne pas leur enseigner que, dans la chaîne des êtres, la fatalité et l'inertie prédominent en bas, la liberté et l'initiative en haut avec l'amour et l'intelligence ; et conséquemment que, s'il est une cause première principiante, il faut la chercher en haut, plutôt qu'en bas.

Et vous êtes sagesse trop logique pour ne pas leur avouer, avec Wallace, Stuart Mill et tant d'autres, que la loi qui régit toute l'échelle des êtres vus et étudiés à fond ne peut pas ne pas prolonger ses harmonies dans les sphères non encore visibles et non observables à l'œil nu, mais déjà perçues et contemplées par le regard des âmes religieuses de toute l'humanité.

Vous êtes des âmes trop profondément religieuses, pour ne pas sentir que toute *surélévation* d'une nature est *surnaturalisation*.

C'est là le principe très rationnel et l'ordre très scientifique du *miracle*.

A ce point de vue, le miracle, c'est *simple comme bonjour*. Tout le monde en peut faire, et tout le monde en fait.

Oui, mais chacun dans sa sphère et à sa mesure, comme il est écrit dans la *Genèse : In genere suo, juxta species suas ;* chacun dans son genre, chacun dans sa spécialité, ayant préséance et prédominance sur le règne inférieur, à l'égard duquel il exerce une action modificatrice, mais chacun devant reconnaître et bénir l'action féconde qu'exerce sur sa vie le règne et le gouvernement d'une vie supérieure.

Tout cet engrenage, instrument de progrès pour tous les êtres de l'univers, c'est l'évidence même pour la science expérimentale ; et la philosophie, à moins de répudier et le principe de l'unité de loi et la méthode de l'analogie, ne peut pas contester que ce qu'elle observe, en tout, au-dessous de l'homme et parmi les hommes, ne doive, par comparaison et par nécessité d'ordre unitaire, être étendu aux rapports de notre humanité avec nos semblables des autres planètes, avec nos supérieurs du soleil et des étoiles.

Il n'y a qu'un seul degré devant lequel peut s'arrêter l'esprit humain, tremblant et troublé : *C'est la présence réelle de l'Infini :* c'est l'intervention de l'Être des êtres en personne dans nos affaires humaines, c'est la Providence éternelle manifestée dans le Dieu incarné.

Nous ne pouvons concéder que l'homme soit, sur son domaine, à lui seul, l'unique toute-puissance ; mais nous reconnaissons qu'en vertu de sa force immanente, il est un très puissant Roi de la Création.

Et il y a une série de puissances qui concourent à la vie de l'humanité.

La nature, dans chacun de nous, a puissance de se débarrasser de ses maladies. C'est ce que constate ce mot des bons Docteurs : « Laissons faire la nature. »

Mais il est des cas de trouble profond qui exigent l'intervention du médecin. Et il y a des spécialistes plus expérimentés, des génies plus pénétrants; il y a une échelle de guérisseurs.

J'avais un neveu condamné comme épileptique incurable par plusieurs Facultés; sa mère le conduit à Brown-Sequard : « Ce n'est point l'épilepsie. Votre fils sera guéri. » L'enfant est sauvé.

J'avais une nièce condamnée comme ayant dans son sein un enfant mort, pétrifié. On appelle Pajot : « Pas l'ombre de pétrification, ni d'enfant. Névralgie. Traitement hydrothérapique. » La condamnée, en pleine santé, berce un chapelet de beaux enfants. »

J'avais une autre nièce, atteinte d'une maladie de cœur. Mon parent, Regnault, le savant professeur de l'Ecole de médecine, me dit : « Voyez Potain, *il fait des miracles !* »

Ainsi, Jésus, qui s'est appelé lui-même *le médecin*, a pu opérer des guérisons éclatantes et faire crier au miracle !

Mais il affirme, en outre, qu'il a besoin pour certains actes thérapeutiques extraordinaires de recourir à plus fort que lui-même.

Nos théologiens ont pressenti la série des miracles dans l'évolution de la vie universelle, ils les ont distingués et classés en *plusieurs ordres*. Il faudrait développer cette vue en concordance avec les découvertes progressives de la science du Mégacosmos. Par malheur, quelques chrétiens ont la faiblesse de vouloir rapporter tous les faits miraculeux positivement à l'action immédiate, au doigt même de Dieu. C'est un préjugé du Monothéisme enfantin. Assurément, pour nous, Dieu est le principe de tout, le pivot d'universelle direction, l'Etre foyer des êtres, des vies, des mouvements ; mais Dieu appelle à participer à sa puissance toute une hiérarchie d'auxiliaires. En Dieu, les trois Personnes ont leurs opérations, et, à leur suite, les anges, les saints, les génies, à qui le Verbe éternel lui-même dit : « Vous êtes des dieux ! »

Dieu ayant fait l'homme à son image et resemblance, lui a donc communiqué une part à sa puissance royale, créatrice, rectrice, adjuvante, réparatrice, modificatrice, transformatrice.

Et nous pouvons aller plus loin et dire que Dieu a donné à tous les règnes inférieurs ses vestiges, avec son empreinte, une participation obscure à sa puissance active.

Ce n'est point là le Panthéisme confus ; c'est, pourrait-on dire, le Monothéisme panthéistique, le dieu unique, illuminant, embrasant et vivifiant toutes choses divinisées.

Dieu n'est pas, s'il n'est partout, et s'il n'est partout imprimant quelque chose de son être, de son activité, de sa vie. Conséquemment le miracle, qui est nommé le sceau de la Divinité, *sigillum Dei*, n'est pas, s'il n'est partout, bien entendu selon l'échelle hiérarchique des forces, des puissances et des actes possibles, selon la convenance de chaque sphère. Le Mégacosmos est une hiérarchie de sceaux divins, vestiges de la Providence prolongée en tout; vibration universelle d'impulsions, les unes constantes, les autres alternées; enchaînement de causes, qui, de l'infiniment petit et de causes en causes plus grandes, remontent à la Cause première, à la Cause centrale, à la Cause finale.

On ne peut pas nier les causes secondes, même infiniment petites, ni la série des causes intermédiaires : pourquoi nier la Cause première, infiniment grande ?

Et si elle est, comment la Science pourrait-elle nier son action universelle et, conséquemment, son intervention dans toutes les sphères?

L'Infini, étant partout, est dans tous les finis. Et il y est diversement, par des actes variés : se manifestant par des accords et par des différences qui semblent des discords, par des impulsions constantes ou par des interventions contrastées, inouïes, étranges; enfin, sous toutes les formes que peut prendre le mouvement dans l'être pour l'accomplissement de la vie.

Charles Fourier n'a pas eu peur; il a bravement appelé Jésus-Christ « LE MESSIE, L'HYPER-MESSIE. » Il ne s'est pas embarrassé de la difficulté, déclarant que c'était là un principe de l'ordre universel; et il le nomme *Contact d'extrêmes*.

Saint Thomas en donne la raison par une comparaison. « Il n'est pas plus extraordinaire, dit-il, de croire que Dieu descend jusqu'à l'homme, qu'il n'est incroyable de voir un généralissime descendre parfois, pour donner impulsion à son armée, jusqu'à se mêler à une compagnie, et se mettre à la tête d'une avant-garde, et par sa parole donner du cœur à un soldat. »

On a objecté que l'intervention de Dieu aurait pour effet de supprimer la liberté humaine.

Les soldats ne sont-ils pas libres, lorsque Napoléon, au pont d'Arcole, se jette le premier dans le danger, en criant : « En avant, mes braves ! » lorsque Wellington, à Waterloo, passant au galop sur le front de ses phalanges solides, leur crie : « Tenez bon, mes garçons ! »

Nous lisons cette vaine querelle dans les journaux mécréants : « Si l'eau de Lourdes et de la Salette suffit aux guérisons, pourquoi les prêtres malades vont-ils perdre leur temps à Vichy et à Cannes ? » Je demande pourquoi Wellington et Napoléon ne prennent pas en toute grande bataille et petit combat la tête de toute avant-garde et de toute réserve, de tout régiment et de toute compagnie. Assurément, généraux de division, colonels et capitaines se trouveraient gênés dans leur liberté, si le généralissime se chargeait à lui seul de tout faire, tout mener et tout pousser, à tout bout de champ.

Il est incontestable que la liberté humaine serait compromise, si l'intervention de l'être supérieur n'était pas un fait exceptionnel. C'est pourquoi Jésus répond au séducteur, son ennemi : « Il ne faut point tenter Dieu (1). »

La liberté humaine ne serait point respectée si la nature ne devait correspondre à la grâce. C'est pourquoi Jésus demande à Marthe : « Croyez-vous que je suis la résurrection et la vie ? » C'est pourquoi Jésus dit aux aveugles qui l'implorent : « Croyez-vous que je puisse vous guérir ? Qu'il vous soit fait selon votre foi. » Et c'est pourquoi Jésus dit à ses disciples que l'homme doit faire violence au ciel.

La sagesse des nations dit : « Aide-toi, le ciel t'aidera. »

Pour qu'il y ait miracle divin, il faut que l'homme de bonne volonté s'élance, par électricité spirituelle, vers l'ami supérieur qui s'incline vers lui et l'appelle et veut se voir accueilli, pour le sauver et le consoler. Le *salut gratuit,* tel qu'on croit le voir dans le drame évangélique de Lazare et dans le dénouement du *Faust* de Goethe, ne s'accomplit pas sans le concours de l'Humanité.

Lazare est mort; mais les sœurs de Lazare ont la foi; elles crient vers le Sauveur, elles éclatent en gémissements. « Lorsque Jésus vit Marie pleurant et les Juifs qui étaient venus

(1) Saint Math., IV, 7; XI, 12; IX, 28.

avec elle pleurant aussi, il frémit en son esprit et il se troubla lui-même; et Jésus pleura. »

Faust est mort; mais Marguerite a la foi, elle prie, elle pleure; et ainsi elle obtient le salut de son amant, en intéressant à ses supplications les saints, Marie-Madeleine et l'autre Marie, celle que le poète appelle *l'éternel Féminin*, l'Amour maternel divin.

Telles sont les conditions du miracle de premier ordre : l'intercession, la prière ardente, la sympathie mutuelle, l'amour d'en haut surajoutant sa flamme à l'amour d'en bas pour tout embrasser, dévorer, consommer, fondre et transfigurer; la descente de l'esprit consolateur correspondant à la libre exaltation des âmes religieuses.

Il n'y a rien là, mes chers messieurs, qui ne soit conforme à ce que votre science affirme des puissances et des fécondités de l'Altruisme épanoui dans l'Humanité.

Votre édification morale et religieuse a pour couronnement le *miracle de l'amour*.

On n'aventure point la raison en écoutant les leçons du sens et du sentiment; et, répétons-le, la raison est faite pour comprendre les bonnes raisons du cœur de l'Humanité.

Deux écoles sont en présence, opposées, contradictoires : l'une théologique, jusqu'à tendre à s'absorber dans l'esprit pur; l'autre naturalogique, jusqu'à incliner à s'enfouir dans la matière.

Toutes deux, ce me semble, impliquent, expliquent et imposent à l'esprit humain la notion du miracle.

Si l'on croit à Dieu pur esprit, créateur et recteur, le miracle paraît tout simple. La formation du premier homme est miraculeuse, autant que l'incarnation du Verbe. Hugh Doberty a dit, avec un bon sens profond : « Il n'est pas plus difficile d'admettre le second Adam sans père terrestre, que le premier Adam sans père ni mère. »

Si, au contraire, on fait partir la vie de la monade matérielle, avec évolution et transformation, avec enchaînement universel des êtres, avec unité de substance, il faut bien admettre, au-dessus de notre forme humaine, une manifestation supérieure de la substance, et conséquemment, comme la nôtre, intelligente et aimante. Et si tout est lié, l'être supérieur à l'homme et les autres plus haut placés doivent avoir un nœud commun avec nous, communier à nous, comme nous sommes associés et conjoints aux règnes inférieurs.

Il n'y a qu'une différence :

Dans l'un des systèmes, la poussée, l'évolution, la transformation merveilleuse, le miracle part d'en bas, et de la fatalité ;

Dans l'autre, le miracle vient d'en haut et de la liberté.

L'Ecole d'Auguste Comte et Littré a ce mérite d'avoir évité le simplisme de Haeckel, Soury et C$^{ie}$. Vous vous appliquez à considérer principalement l'Homme, et l'Homme opérant par une force qui lui est propre, avec le concours des forces inférieures.

L'Ecole catholique prend l'Homme pour principal agent de la vie sur notre globe, et l'observe comme un intermédiaire entre les inférieurs terrestres et les supérieurs célestes.

L'Homme, roi de la nature, tient par les pieds à la terre et s'élève par la tête vers le ciel ; ayant force en lui-même, il prend force d'en bas, et reçoit force d'en haut.

L'Homme est un intermédiaire providentiel, qui lui-même a besoin d'une providence médiatrice pour s'élever au-dessus de lui-même.

Ajoutons qu'un médiateur est nécessaire à l'Humanité pour son progrès en elle-même et sur son domaine terrestre.

## § V.

## TÉMOIGNAGE DE L'HISTOIRE UNIVERSELLE

### LE PROGRÈS ACCÉLÉRÉ PAR LE MIRACLE

Nous croyons que la doctrine catholique du surnaturel céleste et du miracle divin est beaucoup plus favorable au progrès de l'humanité que le naturalisme terrestre et athée.

Ce point de vue commande l'attention spéciale des socialistes.

Dans l'hypothèse des disciples de Darwin et d'Hæckel, le mouvement, l'évolution, la transformation sont d'une lenteur décourageante, désespérante.

Après avoir nié la chronologie judéo-chrétienne, on a dû, très logiquement, conclure de l'observation des faits naturels à une genèse de milliers et milliards d'années, pour expliquer la succession des règnes et le progrès finalement épanoui dans l'homme. On cherche encore, en remontant à la limite des âges historiques, on cherche et l'on ne trouve point le nœud de passage du singe à l'homme.

Pour s'être laissé influencer par cette école

étroitement naturaliste, l'un de nos condisciples les plus distingués, le commandant du génie Richard, a perdu toute espérance de la transfiguration prochaine du vieux monde, où tout homme souffre, où toute créature gémit. Il renvoie le soulagement, l'éclosion de l'harmonie sociale à des millions d'années. Notre maître avait eu l'intuition d'un passage prompt du mal au bien; ce qu'il a nommé le *roquement*, ce qu'il appelait « changement à vue du chaos à l'harmonie. » Charles Fourier eut ce coup d'aile d'une prompte et rapide espérance, parce qu'il avait foi à l'existence de Dieu, confiance dans une Providence constante, parce que son principe de l'ordre sériaire lui commandait d'attendre pour l'humanité une assistance des êtres célestes. Mais c'était dans l'homme même qu'il puisait la croyance certaine à une transfiguration rapide, merveilleuse, miraculeuse; c'était dans l'*attraction révélatrice de la destinée*.

Donc, à ce point de vue, rien de plus conforme à l'attrait du mouvement rapide, que cette foi naïve de toute l'humanité au concours de puissances supérieures complaisantes à ses désirs, que cette espérance d'une poussée de la Providence. Et c'est pourquoi saint

Thomas d'Aquin dit : « La grâce survient pour que la nature atteigne son but plus sûrement, plus parfaitement, plus promptement, *promptius.* »

S'il est un attrait de l'humanité évident, un besoin singulièrement propre à nos derniers temps, c'est le besoin d'aller vite.

Nous n'avons que depuis un demi-siècle le prodigieux instrument de locomotion qui nous fait *courir à la vapeur;* et déjà nous nous plaignons de ne pas voyager assez rapidement. Au train *omnibus* il a fallu ajouter l'*express* et puis le *rapide.* L'abbé Moigno peut écrire sans être taxé de folie ou d'exagération : « Le chemin de fer, instrument barbare ! » Et en effet, les savants ingénieurs commencent à se détourner de la vapeur de charbon, pour demander des forces plus pures et plus vives à la lumière et à l'électricité.

L'âme vivante humaine a l'instinct qu'elle doit égaler et surpasser les puissances de l'oiseau, et le génie humain ne va pas tarder à emprunter ses forces à l'électricité, *pour aller plus vite.*

Cette attraction généreuse condamne absolument tout système qui veut rabattre l'homme au pas des animaux pesants et des bêtes rampantes, et qui nous refuse les ailes de la colombe et de l'aigle. Plutôt les ailes d'Icare que les pattes de la tortue !

Si la science physique et industrielle a fait de tels pas de géant, d'oiseau et d'ange, conçoit-on que la science morale et sociologique se contente de marcher au pas du nain, du quadrupède, de l'aï paresseux ?

Or, l'esprit humain est plus prompt et plus rapide que l'électricité, et il lui plaît de soulever la chair faible et lourde, pour l'emporter au pas de course et l'exalter sur ses ailes angéliques.

Le monde séculier n'a pas cessé de douter de la puissance de l'homme ; les Etats les plus civilisés et les hommes d'Etat les plus renommés ont repoussé ou retardé tous les progrès que les inspirés de la science ont réalisés par un coup de génie. La politique mondaine a cette propriété de diminuer, d'éteindre l'amour du progrès ; et les politiciens, même ceux qui invoquent Auguste Comte, dès qu'ils siègent sur les chaises curules et trônent à la tribune aux harangues officielles, perdent l'espérance et le goût des réformes profondes et rapides ; témoin Gambetta, qui n'ose plus lever les yeux sur le *programme de Belleville.* Hélas !

la belle guenille, comparée à l'*harmonie universelle* rêvée par Fourier ! et quel pitoyable ballon, comparé au royaume de Dieu révélé par Jésus-Christ, voulu, poursuivi par tous les saints en quête du Paradis, que nous attendons tous sur la terre comme il existe aux cieux et dont nous croyons tous l'avènement prochain, grâce à l'activité des esprits supérieurs, des génies de la terre inspirés par les génies du ciel.

Le Socialisme, souvent, se fait, avec de la cire lumineuse, des ailes ardentes, qui fondent au soleil.

L'Etat, animal raisonnable, est un tardigrade, à pattes lourdes et à sang froid.

Comment nos politiciens matérialistes feraient-ils marcher au pas de course le char de leur Etat, empêtrés et encroûtés qu'ils sont sous le poids de la chair ?

Nous savons qu'au bord contraire, il est un spiritualisme idéaliste qui fait perdre du pied la terre ferme et emporte les métaphysiciens dans les vapeurs et le vague de l'utopie.

Entre les deux, se maintient la sagesse chrétienne, ailée à la fois et pédestre, ayant la prudence jusqu'au terre à terre du serpent, mais aboutissant à l'essor céleste de la colombe (1).

Quant aux positivistes, ils ne sont pas étouffés sous les tables de pierre ou de bronze des anciens régimes. Ils ne sont pas gens à s'alimenter seulement de la terre ; ils dressent haut leur tête, pour dominer tous les horizons : mais il leur manque le coup d'aile.

Vous aimez ardemment le progrès, mes chers messieurs ; et si vous vous écartez de la théologie, c'est précisément parce que vous accusez l'Eglise d'être mal instruite sur les mouvements premiers de l'humanité, mal favorable à l'accélération du mouvement moderne, et conséquemment privée d'amour et de lumière et d'activité sur l'épanouissement de nos destinées futures. Mais vous faites sortir toute l'impulsion et tout l'essor possible, exclusivement, de la force naturelle immanente, « de l'humanité, seule providence qui travaille pour nous et qui allège le poids des fatalités naturelles, fatalités provenant de trois sources : l'ordre cosmique, l'organisme vivant et la loi des sociétés (2). »

(1) Matth., x. De re symbolica, *pedes, ala.*
(2) Conservation et positivisme. Préface, p. XXIX ; et conclusion, p. 327.

Il nous semble que nous pourrions trouver le signe d'un levier plus puissant dans l'histoire même de ces trois fatalités.

Pour soulever ce triple poids, l'homme est votre seul levier. Ce n'est point assez pour se lever promptement et marcher vite.

Treize siècles avant Condorcet, saint Grégoire le Grand, développant la leçon du Christ et faisant jaillir la lumière des figures de la Bible, a produit un tableau des progrès de la société humaine, qui trouve sa confirmation dans la formule historique d'Auguste Comte et Littré. Il y a cette différence, que le Pape théologien surajoute à l'activité humaine la Providence divine; et ainsi s'explique comment, sous ses yeux, l'humanité semble marcher généralement pas à pas, mais parfois à grands pas, par sauts et par bonds.

Laissons l'histoire théologique et tenons nous sur le terrain de l'histoire humaine et terrestre.

Le savant moderne analyse avec sagacité la force humaine immanente, d'où lui paraît venir l'impulsion unique du mouvement humanitaire; il étudie aussi les forces auxiliaires qui semblent porter l'homme et le pousser d'en bas, conformément au coup d'œil de

Moïse, car la Genèse montre, dans l'ensemble des règnes inférieurs soumis à Adam, un appui qui l'aide, *adjutorium*. Mais le positiviste se refuse à connaître aucune force du dessus attirant vers une vertu plus haute. Dès lors, mesurant la puissance du mouvement aux activités terrestres et humaines, il conclut à l'aphorisme célèbre : *la nature ne fait point de saut.*

Nous répondons : oui, et non ; et nous allons voir que, dans l'évolution lente des trois fatalités :

Du cosmos,

De l'organisme humain

Et de la société,

On doit reconnaître le jeu d'une certaine liberté et le spectacle édifiant de quelques mouvements accélérés.

Un mot de retour, d'abord, sur les bases de l'anthropologie positive.

Nous avons établi que l'Homme est

Sens,

Entendement,

Amour.

La Science n'est point positive, si elle ne travaille pas appuyée et penchée sur ce trépied.

La Religion, c'est l'Homme vivant en Dieu.

Ecartons un moment le divin, pour complaire à la science naturelle moderne, qui se restreint à l'Homme seul. Cette base nous suffit pour commencer l'étude de la vie universelle, puisque, pour nous chrétiens, l'homme a été créé à l'image de Dieu en Adam et à la ressemblance de Dieu en Jésus-Christ.

Mais il est de toute nécessité que la Science consente à embrasser l'homme dans son être entier, dans l'ensemble de ses puissances et dans ses développements connus. L'homme est manifesté par sa force immanente, ses attractions observées dans leur essor individuel et collectif. Et nous pouvons prendre pour mesure de l'homme vivant la règle célèbre que saint Vincent de Lérins a proposée pour la connaissance de la vérité religieuse : *quod ubique, quod semper, quod ab omnibus.*

Ce que l'Humanité a *senti, compris, aimé,* voilà l'être réel, voilà la vie humaine positive.

Dans l'essor de cet être vivant, il y aura sans doute à développer et à compléter, il y aura peut-être à soustraire et retrancher, à corriger et redresser, et enfin à purifier et perfectionner.

Mais le fond reste; la puissance naturelle est nécessaire, permanente autant qu'immanente. Et cette puissance fondamentale se partage en trois branches, qui se développent dans cet ordre successif :

Les Sens, la Raison, l'Amour.

Descartes rejette le Sens et veut juger de l'homme et de l'univers par la seule raison. La pensée lui suffit. Et ce grand homme vit encore : que de cartésiens, même parmi les positivistes ! Alexandre Dumas, qui, dans son dernier livre, p. 174, salue dans Littré le vivant prophète de la religion de l'avenir, au recto de la même page donne l'accolade au prince des rationalistes : « Quand on ne regarde plus qu'avec son cerveau, on voit de plus haut et plus loin. » Voilà parler raison !

Imbécile raison, leur crie Pascal.

Descartes n'avait tort que par exclusivisme, ou par préférence excessive pour une raison dédaigneuse de la sensibilité. Pascal enverrait volontiers tout l'homme naturel au diable, s'il ne se contredisait en se raccrochant au cœur. Mais son correctif même est une exagération. Il devait dire : Le cœur a ses raisons que *telle ou telle* raison ne comprend pas, parce qu'elle est en état de maladie ou de faiblesse enfantine.

Le scientisme du XIXe siècle envoie résolument promener le cœur. J'ai recueilli maintes fois sur des lèvres fort éloquentes cet axiome : « La Science n'a rien à voir au sentiment, à l'amour. »

C'est le contraire. La connaissance s'acquiert par le Sens, se développe par la Raison et se perfectionne par l'Amour. Les trois en un. Et nous répétons de nouveau ce principe de la vraie science intégrale :

*Tout ce que l'Humanité a senti, compris, aimé, c'est la réalité.*

Et toute réalité est le domaine de la sience.

N'est-ce point ici, mes chers messieurs, le fondement du Positivisme ?

Hors de ce trépied la science faiblit, devient boiteuse, chancelante, déchéante, impuissante ; et, comme parle Molière, tout raisonnement général a le nez cassé.

Eh bien, le genre humain tout entier à dit :

J'ai senti, je sens Dieu, ou je l'ai pressenti ; j'ai vu, ou pour le moins entrevu, prévu la divinité ; j'ai entendu plus ou moins vaguement des bruits, des murmures, des voix d'en haut.

L'humanité tout entière apporte à notre siècle des lumières scientifiques ce témoignage :

J'ai senti autour de moi une existence divine, d'abord vaguement et de plus en plus expressément, formellement, jusque-là de concevoir une présence réelle de la divinité, et de communier positivement à son être :

J'ai senti, de plus en plus, en moi, une impression comme surnaturelle à moi-même, une infusion de je ne sais quelle puissance plus lumineuse et plus tendre, par laquelle mes affections d'amitié et de famille s'universalisaient, mes amours s'éternisaient, mes notions de l'ordre social s'harmonisaient, dans laquelle toutes mes facultés humaines, devenant surhumaines, m'élevaient jusqu'à me faire comprendre l'Absolu, aimer l'Éternel, sentir l'Infini :

Comment donc admettre que, introduit ainsi progressivement dans cette participation très haute à l'Etre des êtres, parvenu à cette possession de la Vie universelle, je puisse retomber, tout à coup, du plus haut au plus bas, et, pire encore, de la plénitude de ma puissance divinisée à l'abîme du néant ?

Hé ! quoi ? vous ne voulez pas croire à la Chute originelle, qui n'a ni détruit, ni même absolument vicié la nature humaine, qui l'a seulement altérée, troublée et diminuée ; et vous voulez nous faire croire à une chute finale qui nous annéantirait radicalement, totalement, absolument, dans la mort? Plus rien !

Mais les amoureux les plus fanatiques de l'enfer éternel ne vous offrent pas une destinée aussi lamentable, atroce, monstrueuse et piteuse ; car la damnation, fût-elle sans retour, fût-elle sans mitigation des peines, laisse cependant aux réprouvés l'existence, la vie active, les passions en mouvement, l'emploi des forces, le développement de l'être dans un monde pervers, le progrès même, de chute en chute, dans un bas empire quelconque, le perfectionnement dans le mal, au service des contradicteurs de la divine bonté ; en un mot, un état analogue aux diaboliques agitations de nos enfers politiques.

Cette perspective-là est de beaucoup supérieure à la fin grotesque imaginée par les matérialistes ; c'est là une vie nouvelle autrement positive, tangible, réelle, que le néant des idéalistes creux ou la poussière des idéalistes pâteux.

La mort n'est qu'une transition, et, dit Fourier, « les transitions sont laides. » C'est un moment, un passage pénible, une suspension de la vie pour entrer dans une autre vie, meilleure ou plus mauvaise, selon nos attraits, nos goûts, nos préférences, au gré de notre bonne volonté ou de notre entêtement au mal.

Mais, objectent les matérialistes terre-aqueux, nous voyons la vie cesser, l'activité disparaître, le corps s'affaisser, le souffle s'éteindre.

Le bel argument! Combien a-t-il fallu à la science de siècles pour découvrir l'éther et les arômes ? et que d'opérations subtiles ne faut-il pas encore aux plus ingénieux savants, pour démontrer l'existence réelle de l'électricité et de la matière radiante, qu'ils ne voient pas plus de leur œil naturel que nous ne voyons, nous, le Père qui est dans les cieux, dans les esprits ? Nous ne le connaissons que par ses œuvres, comme vous connaissez l'électricité par ses effets. Savez-vous tout, savants encyclopédistes, savez-vous tout des mystères de la vie ? Qu'avez-vous à démontrer péremptoirement contre cette hypothèse d'un très libre penseur : « Au moment de la mort, les éléments terre-aqueux seuls se décomposent, et se dissolvent dans le bas ; les éléments invisibles, fluides, arômes, s'élèvent vers le haut, dans les invisibles des cieux. » C'est étrange, inouï, fabuleux : à la bonne heure ! mais prouvez le contraire, par raisons solides, selon la méthode positive. Point de preuve expérimentale ; rien que les apparences pour justifier vos négations ! Ce n'est point assez pour oser dire : « La science nie. » Nier n'est point savoir, c'est le contraire ; c'est avouer qu'on ne sait point. O savants, que savez-vous du phénomène de la mort ; vous qui disputez encore sur le mystère du sommeil ? Imaginez Adam penché sur le premier enfant, sa fille Eve, à l'heure de son premier sommeil. Vous avez observé assurément ce fait si frappant dans le nourrisson d'une agitation nerveuse excessive, bondissements et cris, tout à coup suivis d'une chute subite dans une immobilité absolue, dans un *sommeil de plomb*, où l'on croirait voir *l'image même de la mort*, n'étaient les roses de la vie aux joues et le souffle d'air pur aux narines. Vous êtes-vous demandé ce que, en présence d'une telle évolution, d'une pareille transformation, Adam dut sentir et penser, et même ce que dut souffrir, étonné, anxieux, devant cette chute, cette perte apparente de la vie, le premier père, le premier amant, le premier époux ?

Ce qu'a pu être l'homme de la nature primitive contemplant l'inconnu du sommeil, tel est l'homme de la Science enfantine considérant l'inconnu de la mort. Aujourd'hui, nous savons que l'épouse qui s'endort ne finit point pour si peu, car elle ne fait que passer d'un jour à un autre jour. Pourquoi voulons-nous que notre mère qui meurt prenne dans cette transition la fin absolue de son être, et que s'évanouisse dans le néant son amour maternel ?

Qui diable fait voir aux sceptiques et aux nihilistes l'amour anéanti sans retour, parce que les yeux et les lèvres ne disent plus : Je t'aime ? L'Epouse du *Cantique* de la paix, le plus tendre et vivant des poèmes, serait donc morte à tout jamais, parce que l'expression de sa tendresse s'est assoupie sur son lit en fleurs, dans son dernier baiser du soir ? Plus de réveil ? la belle affaire et l'heureux avenir ! Non : la nuit s'écoule, l'hiver passe, l'obscurité se dissipe; le sommeil va cesser, vaine image de la mort, comme la mort n'est qu'une vaine apparence du néant. Voici le renouveau, le parfum du premier souffle de la nature fleurissante, et la voix de la colombe qui annonce l'aurore du bonheur renaissant, pour l'éternité. Le bien-aimé a-t-il disparu ?

l'âme de l'épouse aimante s'élance à sa recherche, et s'inquiète et s'empresse, jusqu'à ce qu'elle l'ait retrouvé. « Reviens, ô Sulamite, pour que nous te contemplions. Revienne le Bien-Aimé dans son paradis ! » Voilà le cri naturel des âmes, le chant humain des cœurs, le *Cantique des Cantiques* de la bonne Nature ! Et, de ces lueurs du poète hébreu jaillissent plus de clartés sur la destinée de l'humanité, que de toutes les lanternes de nos chercheurs de néants. Des vagues soupirs de l'attraction théologique, de la force immanente religieuse, sortent plus de vérités positives que de toutes les négations de la demi-science, aussi lumineuse vers la terre qu'elle est obscurante vers le ciel.

Nos savants vont-ils mépriser l'instinct de l'humanité, rejeter comme indigne de considération cette sensibilité générale, que l'histoire universelle nous montre incessamment ébranlée et mise en mouvement par une constante attraction religieuse, par une périodique impulsion, mystérieuse, mais réelle? La science expérimentale mettrait donc à néant le témoignage des sens du genre humain? Le sens naturel ne compterait pas? Hé! mais, la sensibilité, c'est, comme principe, la puissance même; c'est, au début de la vie, toute la force immanente exprimée au dehors.

Hier, Brown Sequard nous disait : « La puissance et l'instinct sont plus forts que la volonté et la raison. »

Oui, la puissance est ce qu'il y a de principiant et de plus fort; et c'est pourquoi le Christ disait du Tout-Puissant : « Mon Père est plus grand que moi. » Ainsi la Raison humaine peut dire du Sens humain : *major me est*.

La puissance a pour énergie première le Sens, comme nous l'avons démontré précédemment.

La sensibilité, la sensation, le sentiment éclosent dans l'humanité comme les sens dans l'enfant, peu à peu.

Et cette éclosion s'exprime d'abord dans un état de vie instinctuelle, qui correspond, à certains égards, à l'état embryonnaire, à ce temps d'existence obscure où l'être n'a pas encore respiré par lui-même, à cette vie quasi animale où la conscience humaine n'est pas encore éveillée.

L'instinct est précurseur de la vie pleine et de la perception nette et précise. Ses premières impressions et ses premiers appels ne sont pas plus à dédaigner que les manifestations de la vie enfantine dans le sein de la mère et du berceau. C'est le début obscur, voilé, mystérieux de la vie réelle, positive, qui s'épanouira dans la lumière.

Là est le mystère.

Le mystère est à éclaircir,

Le sens est à éclairer,

La sensation est à rectifier.

C'est le travail dont la nature individuelle a besoin pour venir dans son plein jour.

Ainsi en est-il de la nature humaine collective.

L'Humanité est d'abord en germe dans sa graine. Le germe de la vie à venir se nourrit d'abord des éléments qui l'enveloppent, il absorbe les uns, et laisse les autres à la poussière. Il y a dans l'embryon humanitaire des éléments sociaux qui vont à la mort, et d'autres qui sont assimilés pour alimenter la vie.

Le Juif, vague déiste, et le Gentil polythéiste étaient, selon la parole évangélique, l'un assis dans les ténèbres, l'autre couché à l'ombre de la mort. L'heure vint où il leur fut dit : Réveillez-vous, levez-vous ; venez à la lumière, pour apprendre à vous mieux connaître et à marcher plus libres et plus forts dans la vie plus abondante.

Toutes les radicelles du Polythéisme ont concouru à la nourriture de l'arbre, bien que éparses confusément autour de la racine pivotante du Monothéisme (1), jusqu'au jour où la tige, apparaissant en pleine clarté, poussera à l'air libre un branchage mieux équilibré que le chevelu souterrain et épanouira des rameaux plus saints en plein ciel plus nourrissant, pour se couronner de fleurs et de fruits.

L'arbre catholique n'a jamais dit à ses racines et à ses pieds : Vous ne m'êtes pas nécessaires.

Voyez-vous que Jésus ait renversé l'échelle de Jacob, et que saint Paul ait livré au ridicule comme une vision absolument absurde l'image de la Hiérarchie olympienne qu'il trouvait chez les Athéniens ? En vérité, non. L'apôtre des Gentils leur dit : Vous avez entrevu l'ordre céleste, et vous avez senti, compris, aimé des demi-dieux et un Etre suprême, en qui nous vivons, nous nous mouvons et nous sommes ; vous avez eu pour idéal la Sagesse vierge, vous avez même

---

(1) *Radix Jesse*; la racine de l'être. Bible de Clément VIII.

aspiré à voir le Verbe divin incarné. C'est lui que nous, Juifs, nous avons vu, que nous vous annonçons, et dont nous présentons la religion positive à votre adoration plus précise. Et Jésus avait dit à Israël : *Ego sum*, c'est moi, le Messie par vous attendu, et c'est par moi, avec moi, en moi, que vous allez monter et descendre sur l'échelle de la vie terrestre et céleste, pour communier à l'Eternel. *Per me ad Patrem*.

Tels sont les procédés de la Science.

Mais vouloir supprimer ce qu'a senti la religion ancienne, anéantir ce qu'a vaguement pressenti l'idolâtrie, c'est absolument comme si, pour mieux posséder l'homme vivant, on s'avisait de ne tenir aucun compte des manifestations premières de la vie dans l'embryon et dans l'enfant.

Le temps vient de la compréhension scientifique des êtres, c'est-à-dire intégrale. Nous allons reconnaître, selon l'aperçu de Joseph de Maistre, que le Paganisme lui-même est un système de vérités en désordre, et qui doit trouver sa place dans l'ordre catholique.

Imaginez un missionnaire, qui, pour convertir un Mahométan au Christ, commencerait par supprimer tout ce que la race d'Ismaël tient de son Prophète, qui le tenait de Moïse et d'Abraham.

Nous n'avons pas à nier et à détruire les phénomènes de l'état embryonnaire; nous avons à observer et à raconter comment l'embryon se développe en homme.

La Science a, de plus, mission de distinguer, trier, choisir dans les états sociaux divers qui coexistent sur la terre, afin de rallier tous les membres du genre humain vers le foyer d'unité le plus large, le plus élevé et le plus fécond. Elle étudie le Déisme, la notion de l'Etre suprême, du Père éternel, du Dieu des dieux, dans l'histoire des Hébreux et des Grecs; elle compare: et, en présence de Jupiter et d'Hercule, de Moïse et de Mahomet, de Jésus et de Marie, elle se demande lequel de ces couples représente, dans un foyer d'humanité plus parfait, une image plus vivante du Dieu vivant, de l'Etre des êtres.

Question d'analyse historique et d'analyse psychologique; question de sciences comparées.

Et c'est ici que la Critique joue un rôle nécessaire et utile, en passant au crible toutes les croyances, toutes les sensations, toutes les idées et toutes les affections dont a vécu jusqu'à ce jour le genre humain. Comme le Scientifisme, le Criticisme a ses excès, ses emportements, ses considérations étroites ; mais son rôle général n'en est pas moins providentiel. C'est toujours saint Thomas tenant en réserve son doigt expérimental. A cet égard, Ernest Renan, que nos zélanti traitent de Judas et de démon, vient de jouer, sans peut-être en avoir connaissance, le précieux rôle d'un Ange du Jugement dernier. Notre Jésus, mis au creuset de son analyse, nous revient absolument confirmé dans son caractère parfait de Fils de l'Homme, type le plus accompli de l'homme social et religieux, sauf le petit en-cas de Lazare ressuscité, qui se trouve être une illogique contradiction à toute la thèse du savant historien. Quoi qu'il en soit de ce petit accroc à la vérité, Jésus sort du laboratoire d'Ernest Renan pleinement ressuscité avec l'ensemble de ses perfections humaines. C'est là une conquête, une acquisition faite.

Bien faite et définitive, grâce au labeur d'un érudit très autorisé par la Science ; c'est un jugement en dernier ressort. Il ne nous reste plus, désormais, qu'un point à élucider, à démontrer : c'est que Jésus, le *Fils de l'Homme,* est en même temps le *Fils de Dieu.*

Précédemment, Auguste Comte et Littré avaient produit un semblable travail sur l'œuvre historique de l'Eglise, héritière de son maître. Ils ont démontré positivement que l'arbre catholique a grandi sur la terre fertilisée, et qu'il offrit à l'Humanité un merveilleux ombrage, où tous les hommes d'élite, les âmes spirituelles et contemplatives, *tendentes in altum,* les génies de la science et de l'art, philosophes, architectes, statuaires, peintres, poètes, musiciens, ont trouvé le recueillement et l'inspiration, et chanté, de concert avec les Saints, un grand hymne plein, mesuré, mélodieux. *In ramis ejus volucres cœli.*

L'Eglise romaine, de l'aveu des plus érudits d'entre les libres-penseurs, s'est donc manifestée, à son tour, dans son caractère glorieux de *Fille de l'Homme.* Il ne nous reste plus, encore ici, qu'un point à éclaircir : c'est que l'Eglise ayant été en réalité, durant les mille ans du Moyen Age, l'Humanité vivante, n'a été telle que parce qu'elle est la *Fille du Dieu vivant.*

Après quoi, viendra l'étude approfondie des types d'ordre social proposés soit par les hommes d'Etat de la Renaissance, soit par les sociologistes de la Révolution, comparés à l'archétype réalisé à Nazareth, à Sion et dans les Communautés monastiques, pour savoir s'il y a lieu de retrancher l'exemplaire évangélique, ou simplement de le développer et perfectionner.

Encore une question d'histoire positive, qui n'a pas été élucidée.

Ce point de vue étant admis entre nous (et c'est votre cher maître qui l'a fait admettre dans la savante famille des positivistes), nous allons, dans un simple coup d'œil sur l'histoire de l'homme social, de l'individu et de la terre, constater qu'il y a eu, partout, dans le vaste mouvement régulier, des irrégularités, des crises, de secousses vives, des renouvellements profonds et brusques, des accélérations de mouvements, et même des changements à vue.

Les trois fatalités sous le poids desquelles Littré a montré l'Humanité appesantie et empêchée,

L'ordre cosmique,

L'organisme vivant,

La loi des sociétés,

toutes trois, à de certaines époques critiques, ont été remuées par des impulsions extraordinaires, ébranlées par des poussées exceptionnelles, soulevées par des éruptions prodigieuses.

L'ordre cosmique a exigé une série de désordres. La Géologie ne nie pas les perturbations qu'a subies notre planète, les cataclysmes neptuniens et vulcaniens, les révolutions du globe, les gigantesques tranchées d'où sont sortis les enfantements de la nature. Il y a eu des renversements terrestres aussi extraordinaires que pourrait l'être la transformation de l'homme du blanc au noir. Seulement, l'éléphant, qui, parmi les soubresauts vertigineux du sol emporté des tropiques aux régions polaires, s'est réveillé dans les glaces, n'a pas pu y vivre, n'ayant ni la vitalité, ni la puissance de réaction, ni l'industrie de l'espèce humaine.

Quelles conditions régulières, quelles causes normales, quel mouvement lent et placide ont pu amener tout à coup de pareilles évolutions irrégulières, de pareilles transformations anormales, de pareils bondissements monstrueux?

La Science cherche encore, superposant hypothèse à hypothèse. Toujours est-il qu'il y a, dans ces crises énormes, le caractère de cette opération exceptionnelle, de ce nœud ambigu, dont nous avons parlé plus haut.

Qui a voulu que, fût-ce à travers des épreuves violentes, le mouvement de formation fût accéléré, pour en arriver à l'ordre cosmique actuel, dont les Cuvier, les Geoffroy Saint-Hilaire, les Humboldt et les Maury nous font admirer les harmonies ?

L'organisme vivant nous présente aussi des époques critiques, de semblables révolutions progressives. L'enfant se forme dans le sein maternel : vous savez par quelle série de transformations, et par quels états successifs d'informités et de difformités, l'embryon passe mystérieusement, avant d'arriver à la pléninitude de la forme humaine, qui doit être, un jour, la suprême Beauté. Vient un jour où *l'enfant remue*. Quelle est la cause de ce premier mouvement par secousses ? Qui le sait ? Et vient une heure où l'enfant va s'élancer de son obscur sanctuaire, comme le papillon du sépulcre de la chrysalide.

L'enfant veut sortir. Le peut-il à lui tout seul ? Y a-t-il naissance, au fond, sans le concours de la mère ? et y a-t-il délivrance sans l'effort laborieux et les douloureuses tranchées ?

C'est surtout durant l'état primitif de l'être

humain, qu'il a plus absolument besoin de l'appui et de l'assistance de sa mère; et c'est durant l'état embryonnaire, que se produisent dans son être les transformations bizarres, les soubresauts, et enfin le saut au dehors : et finalement le nouveau-né n'aurait point vu le jour sans les précautions, la volonté et le travail de sa mère. Telle est la loi de la nature humaine organique.

Cette loi de la nature humaine individuelle n'a-t-elle pas son analogue dans le développement de l'Humanité collective ? La loi d'évolution de la société diffère-t-elle absolument des deux autres ? En vérité, la loi est la même partout, en principe, sauf modulations. Comme la Géologie et l'Anthropologie, la Sociologie trouve une série analogique de mouvements progressifs. Dans toutes les sphères de la vie, il y a, sur les premiers degrés de l'échelle :

L'état germique,
L'état embryonnaire, fœtal,
L'état enfantin ;

Et dans chacune des crises de transformations ascensionnelles, et pour chaque acte de transition, on sent les mêmes indices d'une poussée extraordinaire, d'une assistance providentielle. Tous les savants évolutionnistes qui rêvent de voir la plante produire l'animal et la guenon enfanter l'homme, assurément sont à l'affût, guettant la rencontre de conditions exceptionnelles et extraordinaires, attendant la découverte d'une cause accidentelle puissante assez pour déterminer de si merveilleuses et miraculeuses métamorphoses.

De même, dès le temps de Platon et des Sibylles, l'Humanité savante et poétique était dans l'attente de quelque mouvement anormal, mystérieux, providentiel, d'où allait sortir l'ordre inconnu d'un nouveau monde.

Si l'Humanité a dû passer par un état de jeunesse, d'enfance ; si elle est encore dans l'âge fœtal ; si, de plus, elle est dans un état maladif, comme tant d'états sociaux observables sur le globe, depuis les sauvageo-barbares anthropophages jusqu'aux civilisés menteurs et homicides ; si le genre humain est encore un chaos de parties hors d'unité, disjointes, divisées, sans amour mutuel, jalouses, haineuses, guerroyantes entre elles, à fortiori faut-il lui souhaiter une providence médiatrice et salutaire.

Les grandes transformations de la carrière humanitaire ont tantôt un caractère *critique* et tantôt un caractère *organique*, selon la formule historique des Saint-Simoniens ; ou, pour mieux dire, sont à la fois un fait de subversion et un fait d'organisation nouvelle, l'une suivant l'autre, l'une engrenée dans l'autre, les deux marchant ensemble.

Toutes les traditions de l'Humanité parlent d'un Grand Déluge qui aurait été l'engloutissement d'une génération grossière de l'homme animal (*gigantes a sæculo*), faisant place à une race nouvelle pacifique et bienfaisante. L'arche surnageant à l'inondation portait le vigneron : *vir agricola plantavit vineam*.

La décadence et la chute de l'Empire romain, près de périr par ses propres excès et sous l'irruption des barbares, appelait une élaboration nouvelle, l'éclosion d'un royaume meilleur, l'explosion d'une puissance vivificatrice du germe humanitaire. Et c'est à l'heure même où le superbe exhaussement du Césarisme présageait son écroulement fatal, que l'Humanité sentit dans ses entrailles l'enfant qui remuait. *Puer natus est;* il naissait, le petit enfant, mais dans l'ombre du sanctuaire et dans un coin de la petite Judée. Toute cette *nativité* évangélique s'est passée, de la Crèche au Calvaire, dans une obscurité presque aussi profonde que la tombe où s'élabore Psyché. Et lorsque le Cénacle apostolique s'implante dans la ville des Césars et dans le monde entier, on peut dire qu'il mène, durant cette ère temporelle, une vie cachée et mystérieuse encore ; et c'est pourquoi les prophètes du *Cantique* et de *l'Apocalypse* représentent l'Eglise sous la figure d'une Colombe retraitée au Désert, dans les cavernes obscures de la pierre sacrée : *Columba in desertum ; Mulier in foraminibus petræ* (1). Cependant, Jésus, Pierre et Paul ont certes imprimé au monde juif et païen une violente et profonde impulsion ; et personne ne songe à nier que le Christianisme a produit dans le genre humain une merveilleuse accélération de mouvement et d'ascension.

Et enfin, dans nos derniers temps, qu'est-ce que la Révolution française, prélude de la Révolution universelle, disent Charles Fourier et Joseph de Maistre ; qu'est-ce que cette fermentation souterraine et cette éruption généralisée, et ce malaise dans toutes les couches sociales, ces scandales hideux, ces plaintes mélancoliques, ces gémissements sourds, ces

---

(1) Cant., II ; Apoc., XII.

cris terribles, sinon le travail suprême de l'Humanité pour l'enfantement définitif ?

Et qui ne pressent que la Révolution, renversement général du vieux monde, est en même temps l'avènement du nouveau monde, où tout va prendre une face nouvelle dans la justice et la paix, dans l'harmonie et le bonheur ? *Ecce omnia nova, quia prima abierunt* (1).

L'Ecole rationaliste hésite et recule devant la vision de saint Jean. Le cerveau, quoi qu'en dise un poète parlant contre le chant de son cœur, le cerveau suffit si peu à nous dresser vers ces sublimités de l'avenir, que le plus éminent de nos platoniciens, M. Paul Janet, dans sa *Philosophie du bonheur* (IX, 358) conclut par ce mot du désespoir : « L'âge d'or n'est pas plus dans l'avenir qu'il n'est dans le passé : il n'est nulle part ici-bas, *il ne sera jamais.* » Encore paraît-il que ce maître en la Sorbonne laïque espère pour les hommes le bonheur des ombres dans les Champs Elysées...

Les Gallicans, plus ou moins jansénistes, ne désespèrent que de la nature terrestre, et n'entrevoient le triomphe du Sauveur que hors de notre planète, au ciel.

(1) S. Jean, *Apoc.*, XXI.

Les Positivistes n'assoient leur philosophie du bonheur que sur le firmament terrestre.

L'Eglise romaine, non seulement sous l'éclair de saint Jean et de toute l'école mystique, mais sur le témoignage de la tradition la plus positive confirmée par saint Pierre, nous promet la consolation sur la terre elle-même renouvelée par l'Esprit d'amour (1).

Le Darwinisme, largement interprété par Wallace, nous permet de monter d'évolutions en évolutions dans tout l'univers, même des terres en cieux; mais il nous impose l'obligation fatale d'un progrès indéfiniment lent.

L'ultra-naturaliste Charles Fourier est le seul libre-penseur, peut-être, qui, nous promettant des ascensions de mondes en mondes, de vies heureuses terrestres en vies bienheureuses célestes, nous donne l'espérance d'un élancement prodigieux, d'un bondissement miraculeux de l'état limbique à l'ordre lumineux : « Nous allons, dit-il, être témoins d'un spectacle qui ne peut se voir qu'une seule fois sur chaque globe :

---

(1) Novos cœlos et novam terram, secundum promissa Domini, expectamus, in quibus justitia habitat. 2ᵉ ép. S. Pierre, III.

*Le passage subit du chaos social à l'harmonie universelle.* »

Que Fourier soit un visionnaire, je ne dis pas non, avec saint Jean. Mais la force immanente et les attractions de la nature humaine ne sont point des mirages vaporeux et des apocalypses nuageuses. Or, au sentiment universel qui justifie cet adage de saint Augustin : « Il n'y a pour l'homme d'autre cause de philosopher sinon en vue d'être heureux », à cette espérance générale et constante d'une destinée de bonheur, s'ajoute un autre pressentiment où toutes les âmes sensibles, intelligentes et aimantes trouvent leur soulagement et leur joie : c'est que cette transfiguration va être très rapide. Tout le signale : le bien de plus en plus souhaité et le mal de plus en plus détesté, même et surtout le poids désolant de l'abomination qui nous oppresse jusqu'à nous déchirer, et qui nous engloutit dans le sang et dans la boue. La Renaissance naturelle et divine, la Nativité finale au jour de la vie éternelle, va être analogue à l'évolution de la terre émergeant du Déluge, de l'enfant jaillissant du sein maternel.

Et telle est l'espérance, où nous avons droit de nous exalter, la certitude où nous sommes obligés par la logique de conclure dans le plein repos de la raison et du cœur, leçon des analogies naturelles et des attractions proportionnelles à la destinée.

La Nature entière, cosmologie, embryologie, sociologie, tout nous dit que la terre et l'homme et l'humanité ont éu leurs grandes crises de mouvement accéléré, de marche précipitée, de transfiguration rapide, de changement à vue.

Et la nature entière nous dit que de telles accélérations de progrès ne peuvent pas se produire sans une opération surnaturelle à l'être en mouvement.

L'enfant ne vient pas au monde sans la volonté et la poussée généreuse d'une mère, dont l'action libératrice est évidemment au-dessus de la nature de l'embryon, donc surnaturelle à la force immanente dans l'enfant.

Toute la chrétienté est engagée dans la crise suprême; au sein de la chrétienté, l'Eglise catholique est particulièrement dans la tristesse, parce que son heure est venue. Bientôt, elle ne se souviendra plus des oppressions de son animal d'enfant, parce que de son sein va naître l'humanité divinisée.

— Folie! rêve! utopie! nous crient les incrédules avec les dévots timides et de foi modique. Où voyez-vous trace de cette intervention du ciel sur notre terre où l'homme s'agite?

— Patience : nous vous le ferons voir, ce signe de la fin du monde mauvais, cette aurore du jour éternel et bienheureux.

C'est là le coup du Ciel qui va vous frapper, moins prompt peut-être et moins rapide que certains coups d'Etat, d'où sortent toujours des produits non viables, mais assurément plus accéléré que l'évolution du progrès naturel ordinaire et vulgaire.

La transformation du singe en homme exigerait, au compte des savants matérialistes, quelques milliards d'années.

Le redressement d'un arbre mal venu, le raffinement d'un fruit sauvage, le perfectionnement d'une espèce animale, ne se peuvent réaliser sans de lentes élaborations.

Si les anges s'en mêlaient (au cas où ils existeraient), on peut concevoir l'accélération des actes de domestication ou d'élévation progressive des règnes inférieurs, puisque les puissances opératrices seraient douées de plus de vertu efficace.

Le génie humain a doté la société d'instruments de locomotion et de communication et de communion intime d'une promptitude et d'une rapidité inouïes : quelle ne serait donc pas l'accélération du mouvement général, si les génies angéliques poussaient à la roue de la Science !

Or, la vapeur est un instrument de nains et l'électricité une puissance rampante, comparée à l'esprit humain : que sont-elles donc comparées à l'Esprit divin ?

Mais nous entendons l'objection persévérante :

Toutes les espérances que vous faites briller devant nous d'un progrès extraordinaire vers l'Age d'Or, ne sont que lueurs d'hypothèse ; c'est le fruit idéal, incertain d'analogies plus ou moins ingénieuses. Que Jésus-Christ ait accéléré le mouvement social, c'est possible ; mais ce fait concédé, il ne s'ensuit pas scientifiquement que cet homme bienfaisant ait agi par puissance surhumaine et tiré sa force, par miracle, d'un Père céleste. Une nouvelle explosion de ce que les chrétiens appellent l'Esprit d'Amour pourrait nous ouvrir les horizons d'un monde mille fois meilleur dans un nouveau paradis terrestre : cela ne prouverait point que cet Esprit vient du ciel et du cœur d'un Dieu.

Ce Sauveur, quel témoin vivant l'a vu ressusciter et monter au ciel ? Cet Esprit de vie, qui le voit, le comprend et l'embrasse ? où est le témoin positif de cette toute-puissance providentielle ?

Saint Pierre et saint Thomas vous ont dit : « J'ai senti. J'ai touché. » Le témoignage des sens est le premier et le plus saisissant.

Saint Paul et toute la génération des saints Docteurs ont ajouté le témoignage réfléchi de leur haute raison.

Nous allons emprunter à saint Jean un suprême témoignage, celui qui accomplit tout, qui donne à l'âme humaine la certitude finale et parfaite, le témoignage du cœur.

## § 6.

### LE TÉMOIGNAGE DU CŒUR

Résumons en cinq mots les considérations qui précèdent.

Après avoir réclamé pour la Providence le droit de se produire dans le champ de la Science à titre hypothétique, nous avons naturellement cherché à transformer l'hypothèse en thèse positive, demandant nos lumières à l'étude de l'homme même, à l'analyse de la force immanente.

Nous avons constaté que *l'attraction universelle* de l'Humanité vers une divinité secourable, le désir d'une immortalité de l'être humain élevé en Dieu, se sont exprimés, toujours et partout, par le témoignage des sens, par l'acquiescement de la raison et par l'élan du cœur.

Nous avons tourné l'objection capitale : « *c'est contre nature* », en distinguant dans le sein de la Grande Nature universelle une série de natures subordonnées, hiérarchisées, les unes sur-naturelles aux autres, toutes engrenées et s'entr'aidant pour la surélévation générale; *une hiérarchie de providences*, poétiquement et prophétiquement figurée par l'échelle de Jacob, qui s'élève de terre en ciel et au sommet de laquelle se dresse l'Etre des êtres.

Nous avons montré comment la chaîne universelle des êtres et leur évolution générale normale impliquent, entre chaque chaînon, un phénomène anormal, extraordinaire, *une exception à la règle*, exception d'un caractère étrange, prodigieux, miraculeux.

Nous avons enfin soutenu que le spectacle du Cosmos et de l'Humanité historique nous autorisaient à admettre des crises et des transformations violentes, comme signe d'une action providentielle tout particulièrement utile à l'accélération du mouvement social. Le progrès rapide a besoin de Dieu.

Ces grandes crises palingénésiaques ont un caractère double, ayant une double cause :

D'une part, soulèvement de la nature terrestre, qui tend à se débarrasser de tout ce qui l'empêche dans son essor vital ;

De l'autre part, intervention de la grâce céleste, qui assiste l'humanité dans sa renaissance organique.

Comme cette idée d'un concours du ciel élève les esprits vers les révélations de l'âge théologique, dont on se méfie, nous avons supplié les savants positivistes de renoncer aux préjugés de certains rationalistes qui nient et rejettent le passé sans examen, et nous avons convié nos frères à poursuivre, dans l'esprit d'une critique sérieuse, l'œuvre de triage éclectique, de sélection, impartialement entreprise par Auguste Comte et Littré.

L'enfance commence par ne rien voir ; puis par entrevoir ; bientôt elle voit clairement, elle apprend à connaître, à aimer, et elle parvient à posséder la nature terrestre et céleste, le prochain et Dieu dans la plénitude de l'être et du bonheur.

Comme l'enfance, fait la Science.

La science n'a pas à nier ce qu'elle-même a vu dans son jeune âge vaguement, en énigme, ce qu'elle-même a poursuivi à tâtons : il lui appartient de chercher à mieux voir, à mieux sentir et embrasser.

Et comme l'enfance n'est point parvenue à la plénitude de l'être sans un point d'appui, sans une aide antérieure, ainsi la Science humaine ne s'élève pas toute seule à la plénitude de la connaissance, ainsi l'Humanité savante ne parvient pas au sommet de son être sans une assistance supérieure. Tout savant a ses ancêtres; toute Humanité a ses parents, un Père et une Mère, et des Frères aînés, qui lui ont montré le chemin et le but dans la lumière.

Tout homme est appelé à entendre, voir, toucher, à comprendre, à aimer ses aînés, ses supérieurs, qui descendent et montent pour lui, afin de lui apprendre à monter à son tour comme saint, et à descendre comme ange, pour le prochain. Telle est l'échelle des providences.

De cette notion d'une série d'appuis et

d'aides providentiels, de cette hiérarchie de conditions favorables et de causes adjuvantes à l'accomplissement de la destinée, résulte l'accélération du progrès pour l'Humanité ; nous ne saurions trop fixer l'œil sur cette considération.

Telle est notre thèse.

A tous ces aperçus, à tous nos arguments, à tous nos appels des âmes vers ces harmonies naturelles et divines, mes amis positivistes m'ont répondu :

— « Comme tu as parlé rudement à Hæckel, nous te disons rudement : Montre-nous cela. Sinon, non ! »

J'en appelle de votre impatience à la patiente sagesse de votre Maître glorieux, Littré. Essayons, mes savants et bons, très honorés et très chers Thomas, de faire presser votre main d'expérimentateurs et toucher votre cœur d'apôtres par la main et par le cœur du ciel vivant.

Si le sens est plus fort que la raison, dit Brown-Sequard, l'amour est plus fort que la mort, dit saint Paul. Nous allons vous faire rencontrer au sommet de l'échelle lumineuse l'amour lui-même, en personne, témoin de la résurrection générale et de la vie éternelle.

Il est une condition du témoignage que M. Alfred Naquet a négligée dans son analyse, mais qu'il ne pouvait absolument oublier, étant, à votre suite, un apôtre de l'altruisme et de la charité : c'est le bien ou le mal que le miracle peut causer au prochain. Il conclut, en effet, son étude contre la religion par cet argument : « L'erreur ne pourrait être nécessaire que pour perpétuer la tyrannie, l'injustice, la misère ; mais elle est une ennemie à combattre pour ceux qui n'ont qu'une aspiration : Egalité, Justice, Liberté ! »

A cette égard, nous sommes tous en parfait accord. « La vérité donne la liberté. Ce n'est pas Dieu qui enseigne et pratique l'injustice ; c'est le contradicteur de Dieu, César l'homicide ou le mammon de l'iniquité. Les fils de Dieu doivent accomplir la justice parfaite, donner l'exemple de la fraternité, réaliser l'équitable égalité, dans les embrassements de la paix : *fiat æqualitas, fiat pax.* » Ainsi parlent, avec le cœur de M. Naquet, les cœurs de Jésus, saint Pierre, saint Paul et saint Jean (1).

Pascal, le très savant Pascal, qui a reproché aux jésuites de ne pas assez croire aux mi-

---

(1) Saint Matth., III, 15, VI, 33 ; saint Jean, VIII, 32 ; saint Pierre, saint Paul, saint Jean, Apoc., XXII.

racles de Port-Royal, et qui y croyait trop, a donné un excellent principe de libre examen sur les révélations surnaturelles. « Il faut, dit-il, juger des miracles par la doctrine. » C'est la traduction de la parabole du Christ : « On connaît l'arbre à ses fruits. »

Le Maître évangélique emploie fréquemment ces trois mots : « Voyez, jugez, goûtez. » En trois mots, la méthode scientifique intégrale :

Voyez si c'est un fait d'expérience, prouvé aux sens.

Examinez s'il est conforme à la raison, aux lois de la nature, à l'évolution, au progrès, à la transformation des êtres. Goûtez si le fruit est agréable au goût, favorable au bien, aimable au cœur.

Ces trois conditions sont inséparables. Pour qu'un fait difficile à croire, à concevoir, soit vérité, il faut qu'il implique Bonté et Beauté.

Dans ses derniers travaux, votre très laborieux Maître, a deux fois touché à la question du miracle (1).

Pour justifier sa répugnance à admettre une Eglise qui fait des miracles, il a traduit du grec, très ingénieusement et d'un tour fort

---

(1) Pour la dernière fois. Le transrationalisme.

spirituel, le tableau des voies miraculeuses de Xénophon.

Permettez-moi de fixer votre esprit droit sur la distinction suivante :

*Autre est la foi,* la foi à un monde supérieur et à l'influence que peuvent exercer sur nous les habitants du soleil et des cieux, — foi qu'ont eue tous les hommes à peu près, de presque tous les temps, sauf le nôtre, depuis le premier des naturalistes Adam, jusqu'à Cuvier, Ampère, Wallace ;

*Et tout autre est la pratique superstitieuse de cette foi.*

Il n'y a pas une force naturelle, une vérité scientifique, dont on ne puisse abuser. A plus forte raison l'abus est-il possible et facile dans le domaine surnaturel. Tout en admettant que les incantations de Xénophon ont pu être sincères, je vous accorde volontiers que les éternuements de ses Dix mille sont un effet de l'hallucination, une illusion, une parade, un ridicule.

Mais que prouve l'erreur du disciple de Socrate contre la vérité du Christ ? C'est le cas d'invoquer le critérium de l'Evangile pour discerner le vrai du faux : « L'arbre qui produit de mauvais fruits n'est pas bon ; et celui-là n'est pas mauvais qui donne le fruit bon » (1).

Comparez les fruits de la foi et de la prière en Xénophon et en Jésus.

Le païen, quoique *abeille attique,* s'en va picorer, en mercenaire, au service du Perse Cyrus et du Sparte Agésilas, et, qui pis est, il est traître à sa patrie et porte les armes contre Athènes. Voilà pour le citoyen. Quant au philosophe, il nous donne et recommande, comme un axiome de la Vérité, cette définition de son maître Socrate : « *La justice consiste à faire le plus de mal possible à son ennemi.* » C'est la sage politique renouvelée du grec par Hobbes, Napoléon, Molkte et Bismarck; et je conçois que la religion qui fait des miracles dans cet esprit-là soit odieuse au bon cœur de votre condisciple M. Naquet.

Au contraire, le Juste de l'Evangile, l'homme de foi parfaite, Jésus, prie son Père céleste et meurt sur la croix, pour nous apprendre *à aimer nos ennemis, à vaincre à force de bien ceux qui nous haïssent et nous persécutent.* Jésus n'est point traître à sa patrie; il pleure sur Jérusalem, il meurt pour le salut de son peuple et de l'humanité.

Assurément, très charitables Messieurs, sur

(1) Saint Luc., VI.

ce point, votre ciel scientifique concerte avec notre ciel théologique, et vous mangez volontiers du fruit de cet arbre de vie dans le Paradis du bon Jésus.

Serions-nous parvenus, hommes naturels, par la simple impulsion de notre force immanente à comprendre cette miraculeuse vertu, *l'amour des ennemis*, et à réaliser la morale sociale du *Sermon sur la Montagne ?*

Plusieurs naturalistes l'affirment.

Mon savant ami Victor Considérant dit : « La nature a besoin d'être surnaturalisée. »

Par elle-même ?

Nous ne disons pas le contraire, pas absolument, remarquez bien ceci : Adam, c'est de foi, a été créé perfectible ; l'homme a en lui une aspiration naturelle vers la perfection. Vous l'avez, vous tous, à un très haut degré.

Mais si l'homme est tombé, déchu, subverti, dégradé, corrompu, putréfié !

— La Chute ? oh ! nous n'y croyons pas.

— Peste ! Miracle ! Dans quel monde sublunaire vivent ces incrédules ? La déchéance des hommes et jusqu'à l'état d'homme animal, jusqu'à la bestialité, nous crève les yeux. Toute la comédie humaine en témoigne, depuis *Thyeste* et *Médée* jusqu'à *Schylock* et *Cali-*

ban, depuis *Néron* et *Tartufe* jusqu'à la *Guenon de Nod* et à *Nana*.

Allez donc, négateurs de la chute, voir, observer, méditer dans un bagne et dans un pénitencier.

Tout le monde sait bien que l'homme fœtal, l'homme enfant et l'homme brute ne peuvent parvenir à l'état sociable sans la gestation et l'éducation de la mère, sans l'assistance de la famille et de la cité. Le monde ne sait point assez que l'homme absolument perverti peut être transfiguré, rendu à la pleine santé morale par une thérapeutie et une hygiène spirituelles.

Dans les beaux siècles de l'Eglise, on voyait fréquemment les bandits les plus désespérés convertis par les Saints, comme le larron par Jésus. Ces coups du ciel semblent vouloir recommencer, sous les mains concordantes des philanthropes et des religieuses, dans nos pénitenciers. A Mettray et à Cîteaux, nous avons vu des miracles de transformation opérés par les soins de M. de Melun et du R. P. Rey.

Les repris de justice (de justice mondaine), même retirés du monde qui les scandalise, se redresseraient-ils, s'amenderaient-ils, se transformeraient-ils à eux seuls ? Il est d'expérience qu'entre eux ils achèvent de se corrompre et dégrader. Il a donc fallu au-dessus de leurs âmes des âmes supérieures, au dessus de leur nature une nature plus haute. Les sauveurs de ces malheureux étaient, sans doute, de la même nature humaine que leurs élèves, mais d'un titre supérieur; et c'est grâce à leur caractère singulièrement plus élevé, qu'ils ont eu puissance d'élever le prochain.

J'ai cité le mot touchant du R. P. Rey.

— Quel est, mon père, lui demandé-je, votre moyen de discipline ?

— « Le respect. Je leur témoigne un tel respect, que je les force à retrouver au fond de leur cœur l'image de Dieu. »

*Le respect!* Ce mot est sublime, adorable, comme un mot de l'Evangile. C'est une inspiration de l'Esprit de sainteté, c'est un rayon du ciel.

Suppose-t-on que le P. Rey ait trouvé à lui tout seul cette parole ? Comment donc se fait-il que lui, qui l'a prononcée, affirme qu'elle lui vient de plus haut, avoue que, malgré sa bonne volonté, il serait demeuré insuffisant et dans l'impuissance, sans le recours à Dieu, sans la prière sans l'assistance d'en haut?

M. de Melun disait à la jeune brute : Sois

« un homme ! » Le R. P. Rey lui disait : « Sois un Dieu ! »

Et ces deux admirables réformateurs et transformateurs, pour avoir puissance de convertir l'homme animal en homme, invoquaient la Toute-Puissance divine. Ils sont, à cet égard, des témoins fidèles, dignes de foi.

Leur bonne nature et le fond de bon naturel persistant chez les jeunes détenus, sont-ils étrangers à ce miracle ? c'est le contraire. Jamais l'Eglise catholique n'a enseigné que la Grâce opère sans la Nature. C'est là une exagération luthérienne et janséniste.

Il y a cette différence considérable entre l'éleveur des bêtes et l'éducateur des hommes, que l'homme a transformé l'animal sans lui demander permission, tandis que le juste et le saint s'adressent respectueusement au pauvre enfant gâté. Ainsi fait Dieu, principe de la liberté, quand il veut élever vers lui sa fille l'Humanité ; et, la traitant avec une suprême révérence, il daigne attendre qu'à l'*Ave* du ciel l'âme humaine ingénue ait répondu librement : *Fiat !*

Tous les jours, encore, à la colonie laïque, mais pieuse de Mettray, à la Sainte Famille de Cîteaux, à la Trappe bénédictine, dans la

Béthanie des Dominicains, des âmes asservies au mal sont délivrées par l'appel du divin respect à la liberté humaine. Et partout, toujours, pour chasser de ces pauvres cœurs troublés les mauvais esprits d'orgueil, de colère, d'endurcissement, d'envie, de cruauté, d'impureté crapuleuse, de hargneuse bataille et d'homicide, il faut que la vertu du Très-Haut ait plané sur ces êtres descendus si bas et les ait réattirés vers leur dignité d'hommes; il faut que l'Esprit-Saint, pénétrant en eux, les ait remplis de force rectifiée, de lumière et d'amour.

— Mais, nous objectez-vous toujours, quel cœur d'homme a réellement communié à cet Esprit d'amour? Quelle force naturelle a reçu positivement communication de cette Toute-Puissance divine! Il nous faut, à nous savants, positivistes, il nous faut pour témoin autre chose qu'un pur esprit, une aspiration idéale, une hypothèse, un beau rêve.

— « Un pur esprit, vous répond l'Evangile, n'a ni chair ni os. »

Le voici notre témoin irrécusable; un grand homme, un philosophe, un savant sociologiste, le Fils de l'Humanité parfaite,

JÉSUS DE NAZARETH.

C'est un personnage historique, dont la réalité n'est plus contestable, dont l'autorité est aussi respectable que possible, devant votre tribunal, libres-penseurs, juges sérieux et impartiaux.

Nous avons, plus haut, montré que toute votre philosophie positive sur l'Egoïsme transformé en Altruisme est propre à l'Ecole théologique, et quelle sort tout entière d'un seul mot du Christ :

« Tu aimeras ton prochain comme toi-même.

L'éminent et juste historien du Moyen Age, Littré, a démontré que l'Altruisme s'est développé jusqu'au xiv$^e$ siècle, au point de réaliser dans la vie cénobitique la promesse de Jésus à ses disciples : « Si vous écoutez et pratiquez ma parole, vous ferez des œuvres plus grandes même que les miennes. » Et en effet, l'Ordre bénédictin a produit des merveilles de sociabilité, des miracles de charité fraternelle, dans le Monastère, nouvelle Cité de justice et de paix inspirée du ciel et de Dieu, dans *la communion des Saints.*

Mais tout ce grand ouvrage du vrai Moyen Age catholique, qui a fait violence au cœur de Littré et a arraché à sa raison un si digne éloge, ce grand œuvre social sortait de l'œuf évangélique, du germe chrétien, de la plus petite des semences,

La graine du Jardin de Nazareth.

C'est ce petit enfant du peuple, Jésus, qui, dès l'âge de raison, confondait les scribes pharisiens, les demi-savants de la Judée, les sénateurs de Jérusalem ; c'est lui, devenu jeune docteur ; c'est ce libre-penseur si original, si hardi, si excentrique au Monde de César, si résolument contradicteur de la fausse morale de l'ancien Régime légal, si impitoyable ennemi du mensonge, si naïf ami de la droiture et de la vérité, c'est lui, voici notre témoin !

Votre belle thèse scientifique sur l'évolution de l'égoïsme en altruisme, il la révèle pour la première fois dans toutes ses dimensions ; et aussitôt, il ajoute :

« Ce que j'enseigne à la terre est la volonté de notre Père qui est aux cieux.

« Ma Philosophie est servante d'une Théologie.

« Je suis un homme, comme vous, une âme vivante, doué de la parole ;

« Et j'ai comme vous un corps empruntant à la terre ses forces physiologiques, et je viens au milieu de vous mangeant et buvant, au point que vos Pharisiens et Docteurs de la Loi m'appellent un vorace et un buveur, un viveur, ami des gens de mauvaise vie;

« Mais l'Homme ne vit pas de pain seulement; il vit aussi de toute parole qui sort de la bouche de Dieu.

« Si j'ai les pieds sur la terre pour toucher par là aux fatalités de l'infiniment petit; j'ai, de plus, pour tenir à l'infiniment grand, l'oreille et la bouche ouvertes au ciel et au libre Esprit du Très-Haut.

« Et voilà pourquoi, n'étant pas de votre Monde assis encore dans les ténèbres de l'ignorance et à l'ombre de la mort, je vous parle un langage étranger aux mœurs des païens, étrange même à l'oreille des Juifs, le langage de la Vérité, qui est celui de l'Amour.

« *Vos de deorsum estis, ego de supernis sum* (1).

« Vous êtes d'en bas ; et, partant d'en bas, enfermés dans le bas, ayant cessé de recevoir l'inspiration d'en haut, concentrés en vous-mêmes, vous n'aimez que vous seuls et vos plus proches exclusivement.

---

(1) Saint Matth., IV, 4; saint Luc, VII, 19; saint Jean, VIII, 23.

« Je viens vous montrer l'amour du prochain étendu aux Samaritains, aux Grecs, aux Barbares, à tous les membres sans exception de l'Humanité totale, et au delà ! »

Cette leçon sur la fraternité universelle peut ne pas sembler une nouveauté au peuple très chrétien réveillé d'un long sommeil religieux par la secousse révolutionnaire. La Philosophie moderne commente à grands cris le grand mot de la Théologie romaine : *Fraternitas!* Et le Socialisme vague poursuivant la vision confuse de la Révolution, n'aura point de repos qu'il n'ait vu accomplie l'unité universelle des cœurs dans l'ordre de la paix et de la justice.

Mais vous savez, vous, disciples de Littré, historien savant autant qu'impartial, vous connaissez ce fait incontestable, contesté par l'aveugle brutalité de Proudhon, que ce qu'il y a de justice dans la Révolution n'est que l'écho des paroles du Christ et des chants de son Eglise. Et votre Maître l'a dit, et vous le direz de plus en plus.

L'exemple et l'enseignement donnés par Jésus étaient, au jour de sa venue, une manifestation extraordinaire, aussi surprenante que sa puissance thérapeutique; c'était une nouveauté radicale, une clarté éblouissante, qui descendait à travers les obscurités et les ombres de la mort sociale, jusqu'à l'extrême fond du cœur humain, pour y réveiller le germe de la vie sainte universellement étouffé.

Où en étaient les peuples les plus avancés, juifs, grecs et romains, sur le premier devoir de la fraternité humaine, sur le respect et l'amour que l'homme viril, au nom de la justice naturelle, doit à sa moitié, la femme? Hélas! où en sont encore, avec les Juifs, les Spartiates d'Angleterre et de Prusse, les Athéniens de France, et les catholiques du monde romain? L'iniquité était si générale qu'enfin, après le passage de la Révolution, juste fléau de Dieu, il a fallu beaucoup de courage aux écoles socialistes, depuis les Phalanstériens et les Saint-Simoniens jusqu'aux Positivistes, pour soulever

*la question des droits de la femme.*

Et voici qu'à la suite de scandales monstrueux, où notre malheureuse moitié, à son tour, semble vouloir faire sa révolution brutale, et surajoute aux massacres de la Terreur virile le vitriol et le pétrole de la Rage féminine, voici que des publicistes hardis, Emile de Girardin et Alexandre Dumas, se font considérer comme des novateurs dangereux, en réclamant pour la femme : l'égalité, la justice et la liberté.

« *L'égale de l'homme !* »
crie l'écrivain le plus aventureux de notre siècle, qui ne se doute pas, peut-être, qu'il passe au Déluge et remonte jusqu'à la création, pour aller emprunter à la *Genèse* le mot de la destinée humaine :

« *La femme est la semblable de l'homme.* »

Toutes les sociétés les plus civilisées ont encore pour principe le mot de la chute : signe du malheur universel :

« *L'homme dominateur de la femme.* »

On s'explique que saint Pierre et saint Paul, insinuant l'Evangile dans la société réfractaire des Romains et des Grecs, aient été obligés de sacrifier à l'opportunisme et d'envelopper d'obscurités les revendications de la justice originelle et les confirmations de la miséricorde évangélique. Et cependant, au chapitre même où saint Pierre convie tous les humains des deux sexes à l'amour et à la pratique d'une même fraternité, il prend soin d'affirmer que, selon la Science même, les hommes doivent traiter les femmes comme des cohéritières de la vie nouvelle et divine : *Secundum scientiam, cohæredibus gratiæ vitæ.* Et quant à saint Paul, il prophétise que la femme, venant après l'homme à l'héritage commun, en partagera cependant avec lui la pleine possession (1).

Il y a dix-huit cents ans que notre moitié attend de l'autre la justice. Cherchez bien, et sauf de très rares ménages, comme celui de Monsieur Littré, comme celui de Considérant, comme certaines familles de très exceptionnelle perfection chrétienne, sauf les communions des Saints, où les Abbesses sont pour les Abbés des sœurs, où les moines et les religieuses sont tous en un sur pied d'égalité, *omnes pariter :* hors de là, vous ne trouverez partout, dans les lois et dans les mœurs, qu'un monde d'inégalités contre nature, de véritables iniquités.

Faute de se remplir l'esprit de vérité et d'amour, l'homme moderne, fût-il le très chrétien Français, le très catholique Espagnol, l'apostolique Autrichien, le très évangélique Prussien, ou l'Anglais de l'Ile des saints, l'Israël des nations, l'homme du siècle des lumières porte, plus ou moins, à son front orgueilleux le signe du vieil Adam, la plus écla-

---

(1) Première ép., III. Irº Timoth., II.

tante marque de la déchéance après le signe sanglant de Caïn.

Le *signe d'Adam*, c'est la domination de l'homme sur la femme, du sauvage et du barbare sur sa femelle.

*The female*, c'est le mot dont se sert encore, pour désigner sa moitié, l'Anglican, protestant contre le culte de la Femme divine.

C'est surtout, tout naturellement, à propos du premier acte de la vie sociale, de l'amour, du mariage, que la femme soupire après la justice et l'égalité des droits et des devoirs. Le cri de notre sœur méconnue, sacrifiée, monte au ciel, du milieu de la terre sourde et impitoyable.

Qui lui répond ?

Ecoutez notre témoin.

Nous ne citons qu'un fragment d'un court sermon de Jésus (1). La leçon de miséricorde et d'amour, nous pourrions la trouver dans tous les actes et toutes les paroles du Juste par excellence. Un seul trait de son cœur va toucher le vôtre.

Tout le monde connaît la scène de la *femme adultère*, un drame incomparable, qu'un seul

(1) Saint Jean, VIII.

de nos poètes, peut-être, eût été capable de mettre à la scène, Jean Racine, s'il n'avait été, à l'ombre du Roi olympien, retenu à gémir sur le désespoir de Phèdre, au lieu de chanter la pénitence et la gloire de la Madeleine.

Jésus est descendu des Oliviers au temple; c'est-à-dire qu'il apporte à la synagogue les leçons sublimes de l'Evangile.

Les scribes et les pharisiens lui amènent une femme surprise en flagrant délit d'adultère. « Voici : Moïse, dans la Loi, nous commande de lapider cette criminelle. Maître, qu'en dis-tu, toi ?

« Que celui d'entre vous qui est sans péché, lui jette la première pierre.

« L'ayant entendu, scribes et pharisiens s'en vont, en commençant par les plus vieux. »

Pourquoi les plus vieux les premiers convaincus et confus ? Parce que, disent les Pères de l'Eglise, ce sont ceux qui ont le plus de péchés sur la conscience, ayant, depuis leur jeunesse, tous plus ou moins, traîné leur vie légère et coupable dans le concubinage et l'adultère.

Et nous en sommes toujours là, Scribes et Pharisiens de la fin des temps. Ce sont des hommes mariés, mariés de la main gauche et de la main droite, des adultères, qui font de la fille du peuple « la grande pécheresse dans la Grand'ville »; et ce sont ces hommes-là, traîtres à leurs épouses légitimes, qui font des lois et des prisons pour punir les femmes tombées sous leurs atteintes impures. Iniques dominateurs de notre moitié! pas un sur vingt qui puisse, en conscience, jeter la pierre à la femme coupable; pas un sur cent qui ne fasse peser son joug dominateur sur la femme innocente! Ce sont, dit Job, des vautours qui s'abattent sur la mort, ne connaissant plus la voie de l'oiseau céleste qui monte et contemple la vie en Dieu.

Donc, Jésus fut le seul Homme qui ne dut pas s'en aller couvert de honte, étant le seul qui eût pour la femme respect et pitié.

Restent seules, dit saint Augustin, au tribunal de Dieu, devant la Justice éternelle, la misère et la miséricorde, *miseria et misericordia*.

Et le seul juge digne de porter une sentence ne se tourne vers la femme tombée que pour la relever, fortifier, consoler :

« Moi, qui suis sans péché, je ne vous jetterai point la pierre. Je ne vous condamne pas. Allez, ma sœur, et à l'avenir, ne péchez plus. »

Non seulement cette femme, ainsi doucement redressée par l'Amour infini du Juste éternel, ne pécha plus; mais elle mérita d'être appelée *l'amante du Christ.* Transfiguration incomparable, qui dépasse même le miracle de la résurrection de Lazare!

Et voici la parole qui donne aux cœurs des Juifs étonnés, touchés, édifiés, la raison de cet acte étrange, inouï, miraculeux :

« Je suis la Lumière du monde; celui qui me suit ne marche pas dans les ténèbres, mais il a, pour le conduire dans l'ordre, la lumière de la vie.

« Vous jetez, sans avoir aucun droit, la pierre à la femme tombée. Vous condamnez ainsi, vous pratiquez la justice rigoureuse, et méconnaissez l'inspiration de la miséricorde, parce que vous vous traînez dans les ténèbres : *in tenebris ambulantes.*

« Moi, qui vous parle d'indulgence, de pitié, de commisération, de charité, je suis la lumière du monde:

Or, moi, qui ne juge pas comme vous selon la grossière opacité de la chair, moi qui pardonne et relève la nature défaillante au nom de l'Esprit, je vous parle au nom d'un Etre supérieur, dont je suis le Verbe, au nom de mon Père qui m'a envoyé; et ce Père de qui je viens, à qui je retournerai, est dans les cieux, habite des mondes inaccessibles à votre nature présente :

« Vous, vous êtes d'en bas; moi, je suis des sphères très hautes. Vous, vous êtes encore du monde de l'égoïsme enténébré; moi, je ne suis pas de ce monde, monde orgueilleux, dur, sans pitié, sans justice, sans miséricorde, où manquent l'esprit de pureté et l'esprit de paix, où l'on ne sait pas aimer le prochain comme soi-même, jusque-là de souffrir pour lui éviter une peine et pour le relever de ses chutes.

« Voilà l'état de péché où vous vivez terre à terre à l'ombre de la mort, et vous mourrez dans tous ces bas-fonds de l'erreur, si vous ne voulez pas croire que je suis, moi qui vous parle, la Vérité même, le principe de la Vie manifesté par la Parole, parlant ici, sur la terre, ce que j'ai entendu de l'Etre des êtres, le Très-Haut, de qui je tiens ma mission, dont je suis pour vous la lumière réfléchie, *lumen de Lumine*.

« Par moi seul vous connaîtrez la Vérité éternelle, et la Vérité vous donnera la liberté dans l'Ordre parfait de la Charité.

« Hors de moi, vous n'êtes pas dans la vérité ; vous vivez dans le mensonge, vous êtes des homicides comme le diable votre père.

« Vous n'êtes pas même les fils de la bonne Nature en Abraham.

« Et pourtant Abraham, votre patriarche, n'était lui-même qu'une image altérée du Père céleste, dont je suis, moi, la ressemblance.

« Convertissez-vous donc en moi ; reprenez en moi une nouvelle naissance ; redevenez enfants de Dieu pour entrer dans le royaume des cieux.

« Il y a des miracles de conversion et transformation, de transfiguration et résurrection, qui sont impossibles à la nature humaine isolée, et qui lui deviennent possibles quand elle lève les yeux et s'inspire d'un plus haut foyer de science et d'amour.

« C'est cette inspiration que moi, votre frère aîné, je vous apporte du ciel et du sein de Dieu, notre Père.

« Père, de vous seul je tiens la puissance que j'exerce sur l'humanité, pour que tout ce que vous m'avez donné lui donne la vie éternelle.

« Et si je vous ai glorifié sur la terre, c'est afin que vivant en vous, aimant en vous, de la vie et de l'amour infinis, les hommes connaissent que vous êtes le vrai Dieu et que tout vient de vous. *Omnia abs te sunt* (1) ! »

Tout ceci, c'est parole d'Evangile.

C'est la bonne nouvelle de l'Esprit de vérité, d'amour, de bon sens.

Vous ne pouviez pas, vous, Littré, le plus vertueux des savants, vous n'avez pas voulu contester la perfection morale de la doctrine évangélique. Pourquoi auriez-vous refusé d'écouter ce plus simple et modeste des savants, votre aîné, votre frère, votre ami, quand il vous a dit : Mon bien-aimé, toutes ces clartés sublimes, qui te sont communes avec moi, je les

(1) Saint Jean, VIII et XVII; saint Matthieu, XIX, et partout dans la parole de Jésus-Christ.

ai apportées aux hommes, que tu aimes tant, au nom de notre Père commun. Toi, génie de la science naturelle, toi, qui planes si haut dans le ciel scientifique, lève ton front, jette un regard plus libre vers le haut, et vois, du ciel théologique, descendre sur toi et sur l'humanité le Sauveur et Consolateur, le soleil du bon sens, de l'amour et de la vérité : *de cœlo a Deo*.

Et voici la suprême parole que ce Frère céleste vous a dit, au nom d'un Dieu dont il réfléchit sur vous la splendide et souriante grandeur.

Viens, mon ami, toi qui portes le nom du plus savant de mes apôtres, Paul, ne regimbe plus contre l'aiguillon : le trait dont je te veux blesser, c'est celui du plus pur rayon de mon cœur, qui vient ouvrir ton cœur pour y infuser le sentiment de la félicité éternelle dans la lumière infinie.

Sois béni, toi, qui as travaillé soixante ans comme un bénédictin, pour acquérir et propager la science de la bonne Nature, fille sainte de Dieu. Viens donc dans les patries célestes où t'attendent saint Benoît et saint Grégoire, recevoir l'accolade de tous tes grands ancêtres scientifiques.

Sois béni, toi qui as fait tant d'efforts pour rassembler toutes les branches de la connaissance dans l'unité d'un même faisceau harmonieux. Viens donc, dans les académies stellaires d'Albert le Grand et de saint Thomas d'Aquin, greffer ta Somme moderne sur le tronc universel. Viens poursuivre avec eux tes analyses plus profondes, tes synthèses plus larges et ouvrir tes ailes aux analogies sublimes de tous les univers entre eux.

Sois béni, toi qui as conservé dans la controverse, avec l'énergique vertu du bon combattant, la charité respectueuse d'autrui, l'amour de la liberté pour tous. Viens, toi qui as aimé la pauvreté, viens dans l'humble compagnie de saint François d'Assise, avec saint Bonaventure, Scot, Roger Bacon, Christophe Colomb, découvrir avec eux des mondes toujours nouveaux et adorer avec eux le Créateur, dont tout ciel raconte la gloire et dont toute terre révèle les invisibles merveilles.

Sois béni, toi qui as rendu hommage au martyre des évangélistes, aux grandes fondations de la Papauté, aux laborieuses missions des apôtres, aux généreuses édifications des Ordres monastiques. Viens dans la compagnie princière de saint Pierre, saint Paul et saint Jean, recevoir les grâces de leur Maître, de leur Mère et de leur Père, l'Eternel.

Sois béni, toi qui as arraché au Scepticisme ricaneur et futile son aiguillon empoisonné. Viens, traversant les constellations humaines et angéliques, recevoir la bienvenue des enfances naïves et riantes, qui te feront, avec elles, chanter Hosanna à l'Ami souriant de leur critique innocente, dans leurs rondes éternelles.

Toi qui as été un ami si doux, si sûr, secourable aux pauvres, as-tu pu croire que Dieu laisserait tomber le trésor de tes amitiés, de tes aumônes et de tes charités, comme un tas de germes coulés et décomposés dans le fumier ?

Toi qui, poursuivant les travaux de Condorcet, Saint-Simon et Comte, as fondé une Ecole savante; qui as, avec tes disciples, vécu dans l'intimité intellectuelle de tous les savants du passé et du présent, as-tu pu concevoir que Dieu ne te ménagerait pas la compagnie de tous tes collaborateurs depuis Aristote jusqu'à ton dernier maître, et qu'il ne te prépare pas la connaissance et la reconnaissance, et le respect et l'affection des savants de l'avenir, auxquels tu as frayé les voies par ton labeur ?

Et toi, qui as été le modèle des fils et des frères, des époux et des pères, pouvais-tu bien imaginer que Dieu ne te construirait pas pour l'éternité le nid de la famille dans la paix et le bonheur ? Quelle raison a pu faire accroire à un cœur comme le tien que les saintes femmes qui t'enveloppent de leur cordialité peuvent cesser d'exister, de se mouvoir et de vivre en Dieu pour t'alimenter de leur éternel amour ?

Non, mon frère, non ! Toute l'humanité, tout le ciel angélique, tous les univers remplis de Dieu veulent ta survivance et ton immortalité ; et les séraphins ardents et les chérubins lumineux, t'espèrent de plus haut en plus haut pour te faire monter et grandir sur l'échelle du progrès à l'infini, *de virtute in virtutem*. Les bienheureux Jean, Benoît, Grégoire, Robert d'Arbrissel, tous ces autres fils de la Femme revêtue du soleil, te convient à t'agenouiller aux pieds de Notre-Dame, disant : « Voici ta Mère ! » et te veulent reposer à la place où le Disciple bien-aimé puisa avec la lumière, l'amour infini, sur le Cœur Sacré de notre humble et doux Sauveur, l'Homme-Dieu !

# TABLES DES MATIÈRES

## TOME PREMIER

### NOS ACCORDS

Pages.

INTRODUCTION............................................. 1

« Il n'y a rien de commun, disait Littré, entre le ciel scientifique et le ciel théologique. »

« C'est le contraire », avait répondu saint Thomas d'Aquin, auteur des deux Sommes, l'une partant d'en haut, l'autre d'en bas, pour réunir le ciel et la terre.

Le pape Léon XIII convie à l'étude combinée et à la concorde du Droit naturel et du Droit divin.

*Commune charité fraternelle*..................... 8

Ne pas confondre le ciel farouche des Judaïsants avec le ciel clément des Chrétiens évangéliques.

Elie et Moïse ont fait place à Jean et Marie.

Hommes de bonne volonté naturelle et hommes de charité surnaturelle se doivent mutuellement respect et bienveillance.

*Commune recherche de la vérité*................. 16

La foi est bouchée, éteinte ou corrompue, quand elle ne cherche pas l'intelligence.

L'erreur relative aux créatures fausse la science que l'on possède sur Dieu.

Deux livres à étudier : la Bible et la Nature.

Que l'on parte d'en haut ou d'en bas, il faut produire la science, et se rencontrer dans la lumière.

Fourier, Auguste Comte, Littré, Jules Simon, Ernest Renan ramènent à la religion naturelle, qui mène à la surnaturelle.

## CHAPITRE I<sup>er</sup>. — Cosmologie.

*Vues communes sur l'univers*.................... 30

Quant à l'unité universelle, il y a pleine concordance entre
Sophocle et Salomon,
Virgile et Isaïe,
Charles Fourier et Jérémie,
Goëthe et Origène,
Geoffroy Saint-Hilaire et saint Thomas,
Janet et l'abbé Moigno,
Renouvier et le P. Secchi,
Victor Meunier et Lapparent.

*Dans l'unité, la variété*........................ 37

L'analogie universelle.
Charles Fourier et Hugh Doherty confirment saint Grégoire-le-Grand ;
S. E. Dom Pitra autorisé par Comte, Littré, Herbert Spencer et Fouillée ;
Les théologiens mystiques justifiés par Shakspeare, La Fontaine, Jean-Jacques Rousseau et tous les poètes.
L'Homme, microcosme,
La Femme, Athéné, ou Notre-Dame, type de la Cité religieuse.

*Fixité des lois. Continuité des phénomènes*........ 45

Le mouvement et le pivot d'action.

Erreur du Rationalisme sur la direction du mouvement et le siège de l'âme.

La doctrine physio-psycologique du cerveau unique foyer et la royauté de la glande pinéale sont grosses de *l'Etat, c'est moi !*

Concert de la vraie physiologie avec la vérité catholique. Saint Thomas confirmé par Brown Sequard, Claude Bernard, Hœckel et Draper.

Conséquences politiques et sociales du dogme chrétien.

La recherche du Dieu inconnu permise à Copernic, Fourier et Stuart Mill par Littré.

## CHAPITRE II. — Anthropologie.

### MÉTHODOLOGIE

*La méthode cartésienne*........................... 66

La méthode de Descartes, issue de Platon, consacrée par Port-Royal, instrument faux, aussi antipathique au Catholicisme qu'au Positivisme.

Elle est manichéenne, schismatique, contre Nature; antipathique à la femme et à l'enfant.

Le bon sens de Molière et de La Fontaine d'accord avec la raison de Jésus-Christ.

*La méthode judéo-chrétienne*.................. 88

La méthode expérimentale est celle de la Genèse et de l'Evangile.

Moïse et Jésus, saint Pierre, saint Paul et saint Jean, saint Thomas et saint Bonaventure, tous d'accord avec Littré.

La méthode catholique rationnelle porte sur son trépied :

    **Analyse,**
    **Synthèse,**
    **Analogie.**

La doctrine du progrès montrée par saint Paul et

saint Grégoire, bien avant Condorcet, Saint-Simon et Comte.

## PSYCHOLOGIE

*Sentiments communs sur les évolutions de l'âme humaine*.................................................. 113

Impuissance de l'Ecole idéaliste et de la métaphysique renouvelée des Grecs.

L'homme est plus qu'un animal raisonnable. L'homme est l'Homme.

Saint Thomas d'Aquin, le P. Thomassin, le Cardinal Manning, le Trappiste Debreyne et le Frère Prêcheur Didon concordants avec Charles Bonnet, Fourier, Isidore Geoffroy Saint-Hilaire, Quatrefages, Comte, Littré et Considérant.

Anthropologie catholique.

Fait à l'image de Dieu, unité et trinité, l'Homme est

   Sens,
   Intelligence,
   Amour.

Théorie du Sens, principe premier de la vie.

Jésus-Christ, fils de l'homme, fils de Dieu, perfectionne et divinise l'humanité sensible, intelligente, aimante, par le triple et unitaire apostolat de saint Pierre, saint Paul et saint Jean.

De l'accord parfait du Sens, de l'Intelligence et de l'Amour, naît la science intégrale et parfaite.

Zurcher et Margollé concertent avec Joseph de Maistre; Herschell, avec saint Grégoire le Grand.

*Egoïsme et Altruisme*.................................................. 154

Alexandre Dumas pousse ses frères positivistes à la recherche des causes et des fins de l'homme.

Pour connaître l'homme, prenons l'homme.

« Le royaume de Dieu est au dedans de vous. »

L'homme est attraction double : vers soi, et vers ses semblables.

Inséparabilité du moi et du prochain.

L'humanitarisme implique la femme et l'enfant.

L'amour de notre humanité conduit à l'amour des autres humanités.

Transformations progressives, de la terre aux cieux, à l'infini.

Transition : l'état embryonnaire précède la vie lumineuse.

Le phothophone de Bell va justifier le Verbe de Dieu :

« Il y a plusieurs demeures dans la maison de mon père. »

La vue scientifique de la Pluralité des mondes confirme l'Evangile.

Il est naturel de s'aimer avant d'aimer le prochain, et d'aimer l'humanité avant d'aimer Dieu.

Trois foyers de la vie : la terre, le ciel et Dieu.

Wallace, Crookes, Zellner, Freckner, Ulrici suivent Keppler, Newton, Herschell sur l'échelle des Anges, et aspirent, comme Christophe Colomb, à la découverte d'un nouveau monde. Stuart Mill entrevoit un Dieu qui gouverne l'univers.

Saint Jean le théologien ouvre le ciel au positiviste Littré, et réunit le cœur du savant au cœur du Christ.

# TOME SECOND

## NOS DISCORDS

### Réflexions sur la mort de Monsieur Littré.

|  |  | Pages. |
|---|---|---|
| I | Dispute sur une tombe...................... | 1 |
| II. | Tendance au Dieu inconnu des Francs-Maçons. | 18 |
| III. | La dernière méditation du savant. Hypothèse. | 35 |
| IV. | Les derniers entretiens du juste. Légende..... | 42 |
| V. | Le testament du père........................ | 49 |
| VI. | Le cœur de l'homme de bonne volonté entre deux feux : Elie et saint Jean............... | 70 |
| VII. | Prélude au concert universel.................. | 81 |
| VIII. | Retour des enfants prodigues. Saint Augustin. Don Juan, Faust, l'Innominato, convertis. Alceste et Littré, consolés................. | 89 |
| IX. | Au grand mal urgent, le grand et prompt remède................................... | 95 |
| X. | A qui irions-nous ?........................ | 101 |
| XI. | Pour franchir l'abîme, il faut des ailes........ | 111 |
| XII. | Littré, sur les ailes des anges, est monté de la terre au ciel et à Dieu..................... | 120 |
|  | Note pour le chapitre V..................... | 136 |

# TOME TROISIÈME

### CHAPITRE Iᵉʳ. — Sociologie.

Pages.

I. — *La théocratie*........................... 7

L'Église n'est pas seulement Théocratie; elle est Hiérarchie.
La Verge de fer au service de Dieu a fini son œuvre de transition nécessaire.
Reste la Hiérarchie, verge d'or.
L'Église unie, contre le Monde divisé.
La Femme désarmée, contre l'homme animal armé jusqu'aux dents.

II. — *Le laïcisme*. ........................... 19

La laïcité de Littré n'est point le laïcisme de César.
Le Droit naturel renversé : la force prime le droit.
Les Droits de l'homme, autant que les Droits de Dieu, absorbés dans le Droit de l'Etat. Et dans l'Etat, les femmes et les enfants ne comptent point.
La Déesse Raison et la Patrie remplacent Dieu et l'Humanité.
Les Césars supplantent le Christ. Sous la pyramide des Pharaons, les sables du désert.
Révolution et Socialisme.
Revendications des masses populaires : Association, Communalisme, Internationalisme. Guerre à la guerre ! Paix à l'Humanité. !
Aspiration au vrai Dieu, à l'unité catholique, à la Communion des saints, à l'économie sociale des Bénédictins.

Renversement du vieux monde.
Transition du Moyen Age au Plein Age; de la Pénitence à la Vie.
*Per crucem ad gloriam!*
Le laïcisme, fût-il de force à retrouver le Paradis terrestre, impuissant à y faire descendre le ciel.

## CHAPITRE II. — Philosophie théologique.

### THÉORIE DU MIRACLE

I. — *Droit de l'hypothèse au libre examen*.......... 59

Les sociologistes ne peuvent pas s'en passer.
S'il est un Dieu, « gouverneur du monde », il faut connaître la science de ce gouvernement divin.

II. — *L'instinct de la force immanente*............ 67

Toutes les attractions naturelles révèlent la destinée surnaturelle.
Le Positivisme n'a point à nier les faits : il en doit l'explication.

III. — *Témoignage des sens et de la raison*........ 91

Objections de Voltaire et de Rousseau. Le D$^r$ Naquet plus exigeant que Littré. Sa thèse rationaliste contestée par le bon sens des sauvages; rectifiée par la science de Crookes et Brown Sequard.
Miracle, supercherie, dynamogénie.
Littré rouvre la discussion.

IV. — *Témoignage du Cosmos*..................... 108

Qu'est-ce que le Miracle ?
Série progressive des miracles.
Qu'est-ce que la Nature ?
Série échelonnée des natures.

Engrenage des sphères naturelles ; transition.
Série des providences.
Le ciel cultive l'humanité, comme l'homme cultive la terre.
Jésus-Christ opère toute la série des miracles.
Impulsion du Principe directeur sur les âmes libres : Napoléon à Arcole, Wellington à Waterloo, pour la guerre et la mort ; Jésus à la tête de l'Humanité, pour la Résurrection, et la Vie.

V. *Témoignage de l'histoire universelle*............ 168

Besoin naturel d'aller vite au but, au bonheur.
Le progrès accéléré par le miracle.
Toute l'humanité a senti Dieu providence.
L'instinct et le sens, plus forts que la raison, précèdent la science.
Jésus-Christ et l'Eglise ne détruisent pas la religion enfantine : ils l'accomplissent.
La mère transforme son embryon en homme.
La science a reconnu le Fils de l'Homme : elle va reconnaître le Fils de Dieu.
Evolution, transformation, révolution.
Enfantement laborieux.
Passage subi du Chaos à l'Harmonie.
Accélération de mouvement, si les Anges s'en mêlaient, si Dieu !
L'Esprit divin plus rapide que l'électricité.

VI. — *Le témoignage du cœur*.................... 200

On connaît l'arbre à son fruit.
Autre est la foi, et autre l'abus de la foi.
Xénophon et Tartufe ne sont point la monnaie de Jésus.
Les saints transforment l'homme animal en homme ; l'Ange transforme l'homme spirituel en homme-Dieu.
Jésus de Nazareth principe et témoin du miracle de l'amour divin.
Les païens en étaient à l'esclavage et à la guerre :

signes de Caïn; les juifs, à la domination sur la femme : signe d'Adam déchu.

Jésus-Christ révèle la fraternité universelle, et restaure dans ses droits naturels et divins la Femme, qu'il fait Reine de la terre et du ciel : signes de Dieu.

Et il affirme que tous ses miracles d'amour et de toute-puissance proviennent du ciel et du Père éternel.

C'est lui, Jésus, qui a attiré Littré, par les attraits de la bonne nature, dans les embrassements de la divine Charité.

*Pour paraître prochainement*

## AUX POSITIVISTES

### ALEXANDRE DUMAS

### EMILE ZOLA ET LÉON GAMBETTA

---

### LES MIRACLES MODERNES

### LE SACRÉ CŒUR ET LA CITÉ DE DIEU

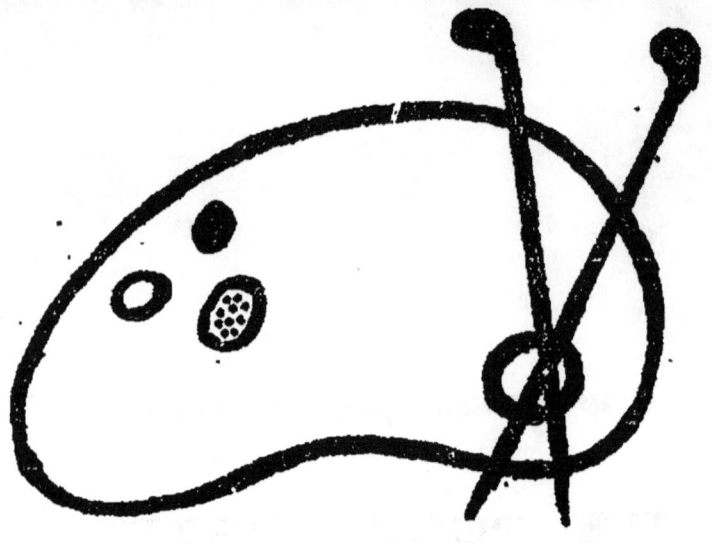

Original en couleur
NF Z 43-120-8